Rodolfo Coelho Cavalcante

Biblioteca de Cordel

Rodolfo Coelho Cavalcante

Introdução
Eno Theodoro Wanke

hedra

São Paulo, 2010

Capa
Julio Dui

Projeto gráfico e editoração *Hedra*
Preparação de texto
Iuri Pereira

Revisão
Artesã das palavras

Ilustrações das orelhas e quarta-capa
José Lourenço

Ilustrações da capa
Armando Salles e José Américo

Dados Internacionais de Catalogação na Publicação (CIP)
(Câmara Brasileira do Livro, SP, Brasil)

Cavalcante, Rodolfo Coelho, 1919–1986.
introdução de – São Paulo: Hedra, 2000. – (Biblioteca de Cordel)

Bibliografia.
ISBN 85-87328-12-3
1. Cavalcante, Rodolfo Coelho, 1919–1986 2. Literatura de cordel–Brasil
3. Literatura de cordel–Brasil–História e crítica I. Wanke, Eno Theodoro.
II. Título. III. Série

00-0126 CDD-398.20981

Índices para catálogo sintemático:
1. Brasil: Cordelistas: Biografia e obra: Literatura folclórica 398.20981
2. Brasil: Literatura de cordel: História e crítica: Folclore 398.20981

[2010]

EDITORA HEDRA
R. Fradique Coutinho, 1139, subsolo
CEP 05416-011, São Paulo-SP, Brasil
+55-11-3097-8304
www.hedra.com.br

Foi feito depósito legal.

BIBLIOTECA DE CORDEL

A literatura popular em verso passou por diversas fases de incompreensão e vicissitudes no passado. Ao contrário de outros países, como o México e a Argentina, onde esse tipo de produção literária é normalmente aceita e incluída nos estudos oficiais de literatura – por isso poemas como "La cucaracha"são cantados no mundo inteiro e o herói do cordel argentino, Martín Fierro, se tornou símbolo da nacionalidade platina –, as vertentes brasileiras passaram por um longo período de desconhecimento e desprezo, devido a problemas históricos locais, como a introdução tardia da imprensa no Brasil (o último país das Américas a dispor de uma imprensa), e a excessiva imitação de modelos estrangeiros pela intelectualidade.

Apesar da maciça bibliografia crítica e da vasta produção de folhetos (mais de 30 mil folhetos de 2 mil autores classificados), a literatura de cordel – cujo início remonta ao fim do século XIX – continua ainda em boa parte desconhecida do grande público, principalmente por causa da distribuição efêmera dos folhetos. E é por isso que a Editora Hedra se propôs a selecionar cinqüenta estudiosos do Brasil e do exterior que, por sua vez, escolheram cinqüenta poetas populares de destaque e prepararam um estudo introdutório para cada um, seguido por uma antologia dos poemas mais representativos.

Embora a imensa maioria dos autores seja de origem nordestina, não serão esquecidos outros pólos produtores de poesia popular, como a região sul-riograndense e a antiga capitania de São Vicente, que hoje abrange o interior de São Paulo, Norte do Paraná, Mato Grosso, Mato Grosso do Sul, parte de Minas Gerais e Goiás. Em todos esses lugares há poetas populares que continuam a divulgar os valores de seu povo. E isso sem nos esquecermos do Novo Cordel, aquele feito pelos migrantes nordestinos que se radicaram nas grandes cidades como Rio de Janeiro e São Paulo. Tudo isso resultará em um vasto panorama que nos permitirá avaliar a grandeza da contribuição poética popular.

Acreditamos, assim, colaborar para tornar melhor conhecidos, no Brasil e afora, alguns dos mais relevantes e autênticos representantes da cultura brasileira.

Dr. Joseph M. Luyten (1941–2006)

Doutor pela USP em Ciências da Comunicação, Joseph Luyten foi um dos principais pesquisadores e estudiosos da literatura de cordel na segunda metade do século XX. Lecionou em diversas universidades, dentre as quais a Universidade de São Paulo, a Universidade de Tsukuba (Japão) e a Universidade de Poitiers (França), onde participou da idealização do Centro Raymond Cantel de Literatura Popular Brasileira. Autor de diversos livros e dezenas de artigos sobre literatura de cordel, reuniu uma coleção de mais de 15 mil folhetos e catalogou cerca de 5 mil itens bibliográficos sobre o assunto.

Joseph Luyten idealizou a Coleção Biblioteca de Cordel e a coordenou entre os anos de 2000 e 2006, período em que publicamos 22 volumes. Os editores consignam aqui publicamente sua gratidão.

SUMÁRIO

Introdução, por Eno T. Wanke 9

Origem da literatura de cordel e a sua expressão de cultura nas letras de nosso país 35

Antônio Conselheiro 45

O boi que falou no Piauí 55

O encontro de Rodolfo Cavalcante com Lampião Virgulino 65

Cuíca de Santo Amaro
O poeta popular que conheci 75

A mulher que foi surrada pelo Diabo 85

Tudo na terra tem fim 95

Paulista virou tatu viajando pelo metrô 105

O desencanto da moça que bateu na mãe e virou cachorra 115

Gregório de Matos Guerra — O Pai dos Poetas Brasileiros 125

INTRODUÇÃO

Rodolfo Coelho Cavalcante (1919–1986) não foi apenas mais um cordelista nordestino. Era também um líder, um benemérito da classe sofrida e às vezes perseguida, devido à confusão que as autoridades faziam, no início de sua carreira, entre os poetas populares e os camelôs.

Quando comecei a escrever sua biografia, *Vida e luta de Rodolfo Coelho Cavalcante*, publicada em 1983, minha grande curiosidade era saber como uma pessoa nascida em condições tão desfavoráveis, sem muitas oportunidades, pôde alcançar ser o que ele foi: respeitado escritor de cordel, líder de sua classe, ouvido atentamente até em salas universitárias e autor de tantas obras renomadas.

Eu tinha razão. A vida de Rodolfo foi uma luta constante contra o ambiente hostil, contra tudo e contra todos. Jorge Amado chegou a dizer que meu trabalho "parecia mais um romance de aventuras do que uma biografia baseada em fatos".

Confidenciei a Rodolfo, na amizade que nos unia:

– Meu caro, você poderia ter sido, não um intelectual da poesia popular, mas um cangaceiro, um bandido!

Ele riu e concordou.

INFÂNCIA

Rodolfo nasceu em Rio Largo, Alagoas, filho de humildes operários. Aliás, naquela ocasião, a população da cidade era formada basicamente pelos trabalhadores de duas grandes fábricas de tecido hoje desaparecidas, a tecelagem Progresso e a Cachoeira, cada uma originando os dois grandes bairros da cidade.

Seu pai, Arthur Holanda Cavalcante, era alcoólatra, o que obrigou sua mãe, Mariazinha, a trabalhar também na fábrica Cachoeira, não obstante já ter dois filhos pequenos para cuidar quando Rodolfo veio ao mundo.

Uma curiosidade: Rodolfo nasceu em 12 de março de 1919, exatamente no momento em que a fábrica dava o "fuéte", ou seja, o apito que indicava o início do trabalho. Eram quatro os apitos matutinos destinados àquela população sem relógio: às quatro da manhã, como despertador; às quatro e meia para dar início à faina de fazer e tomar café; às cinco e quarenta para o pessoal tomar suas posições junto às máquinas; e, finalmente, o chamado "fuéte", um apito curto indicando o início das atividades do dia, às seis horas da manhã.

Bem-humorado, Rodolfo sempre atribuiu a essa coincidência o fato de ter vindo ao mundo para trabalhar sem descanso. E repetia, sem disfarçar uma ponta de orgulho e uma pitada de bravata:

– Olhem que vim ao mundo no momento do "fuéte"! Realmente, teve uma vida trabalhosa.

Criado desde tenra idade pelos avós maternos, Florisbela e Antônio Coelho de Lima – conhecidos respectivamente por "Dona Belinha" e "Velho Coelho" – teve junto a eles, segundo recordava, "a mais bela fase de sua vida".

Sua avó (a quem chamava carinhosamente de "Mãe Belinha") mantinha uma "escolinha de ABC", onde o menino aprendeu as primeiras letras.

Seu avô (seu querido "Pai Coelho") tinha orgulho de suas "habilidades infantis". Ensinava-lhe poemas indecentes (para os padrões da época) e fazia-o recitar aquelas "barbaridades" perante os vizinhos e amigos, que morriam de rir ao ver o menininho declamando-as com desembaraço. Adorava ser o centro das atenções.

Quando Rodolfo contou-me esse episódio, observei que talvez aí residisse a origem de sua tendência ao espetáculo e à comunicação. Ele me deu razão:

– Acho que foi isso mesmo – concordou.

Nesse ínterim, seus pais mudaram-se para Maceió, onde Arthur trabalhava numa fábrica de sabão. Aos oito anos, Rodolfo reintegrou-se à sua família e começou a freqüentar a escola na capital, e a trabalhar, para garantir a comida: tinha de buscar, todos os dias, junto com seu irmão Aristófeles, um ano mais velho, de seis a oito latas de água para os gastos da casa.

Desempregado, seu pai resolveu voltar a Rio Largo, outra vez como operário têxtil, agora da fábrica Progresso. E Rodolfo passa a ter de trabalhar, apesar de ainda freqüentar a escola, na qual não foi além do terceiro ano primário, máxima escolaridade que recebeu na vida.

Depois das aulas, vendia nas ruas frutas, tapioca feita pela mãe e caldo de cana. Aos sábados e domingos, ia para a feira de Rio Largo para "pegar frete", ou seja, levar os cestos de compras na cabeça para os fregueses das barracas.

Sua mãe, muito severa, não admitia desonestidade.

Certa vez, ele e o irmão roubaram uma bola novinha do grupo escolar. Foram descobertos quando, inocentemente, levaram-na para jogar com seus colegas na rua. A surra da mãe deixou-lhes as nádegas esfoladas.

Outra vez, enquanto vendia caldo de cana, acabou perdendo, num jogo de dados, o dinheiro que ganhara. Não teve dúvidas, completou, com água, o caldo já vendido – o que provocou queixas dos fregueses, que pagaram caldo aguado, junto à mãe Maria. Nova "pisa" monumental.

Sua atividade poética começou cedo, quando tomou parte nas pastoris, cheganças e reisados de Rio Largo e de Maceió, onde ganhou fama de "tirador de versos" de improviso. Quando o tenente Juarez Távora passou por Rio Largo, logo depois da vitória da Revolução de 1930, foi designado entre os alunos da escola para saudá-lo em versos:

> Salve Juarez Távora,
> O militar glorioso,
> Estrela do nosso exército,
> Que será vitorioso
> Marchando para o porvir,
> Vibrando consciencioso.

Quando tinha 11 anos, seu pai, cada vez mais afundado na bebida, perdeu novamente o emprego, e a família mudou-se outra vez para Maceió. Rodolfo e seu irmão Aristófeles passaram a sustentar a família, fazendo biscates, vendendo bilhetes de loteria e jornais.

Um dia, Rodolfo conseguiu um emprego fixo, bem de acordo com sua vocação de comunicador: seis horas por dia, na porta das Lojas Paulistas de Maceió (que fora do Nordeste chamavam-se Lojas Pernambucanas), fazia propaganda dos produtos, atraindo fregueses.

E Rodolfo era eficiente em seu labor. Inventava versos, adaptando letras de canções conhecidas e até compondo melodias próprias para cantar na porta da loja. Sua mãe, graças a ele e a seu irmão (pois seu pai bebia tudo o que ganhava com suas loterias), conseguiu economizar para comprar uma casa própria, modesta é claro, mas que os livrava do aluguel...

A casa estava quase paga, felizmente, quando a imprensa de Maceió decidiu fazer uma campanha contra aquele absurdo de obrigarem uma criança franzina a trabalhar na porta de uma loja... E Rodolfo perdeu o (para ele) ótimo emprego.

Que fazer? Procurar nova fonte de renda. Sua mãe conseguiu colocá-lo como estafeta da Western Cable Telegraph Company, a companhia de telégrafo a cabo submarino, graças a um estratagema. Simulou a idade mínima exigida para o emprego, apesar de, na época, ter dois anos menos. É que ele ainda não havia sido registrado em cartório. Assim, em sua certidão de nascimento consta ter Rodolfo nascido em 1917, não em 1919, como realmente era o caso.

O emprego durou sete meses apenas. Até o dia em que o dono de um armazém de açúcar prometeu-lhe uma gratificação caso ele ficasse depois da hora para entregar um telegrama importante esperado pela firma. Feito isso, como o homem não se coçasse, Rodolfo reclamou o prometido. E o gerente, assim que o menino saiu, telefonou para o chefe dos mensageiros da Western, que imediatamente o despediu, pois a gratificação era proibida.

Com medo da "pisa" da mãe, Rodolfo não contou nada ao chegar em casa. No dia seguinte, vestiu o uniforme, colocou a perneira e saiu... em direção ao Recife, a pé, seguindo a linha férrea, e depois como passageiro clandestino, pois não tinha dinheiro para comprar uma passagem de trem. Foi sua primeira fuga de casa, seu grito de independência.

TEMPO DE ANDANÇAS

No Recife conseguiu se arrumar fazendo biscates e propaganda nas portas de lojas. Quando voltou para casa, três meses depois, tinha uma quantia razoável no bolso, roupa nova e tudo o mais. Isso foi em 1932. No ano seguinte, novo problema em casa o fez fugir de novo, desta vez com seu irmão Aristófeles.

Em 1934, nova fuga aconteceu, desta vez rumo ao sul.

Foi uma viagem cheia de aventuras, pois era necessário ganhar o sustento de cada dia. E haja imaginação e criatividade para isso!

Foram, por exemplo, "camelôs sem mercadoria", vendendo pedras roliças apanhadas num riacho, às quais atribuíram poderes mágicos de cura. Moraram numa cadeia pública, por camaradagem de um delegado com quem fizeram amizade. A amizade terminou, no entanto, quando eles resolveram vender comida aos presos: pescavam piabas num rio próximo, fritavam-nas e serviam junto ao feijão que também cozinhavam numa fogueirinha improvisada, tudo sem a anuência do delegado responsável. Um dia em que o feijão estava ralo por preguiça dos meninos, os presos foram se queixar ao delegado, que os expulsou solenemente.

Chegaram a cruzar com Lampião e seu bando, que os capturou, mas, ao verificar a sua insignificância, deixou-os ir, displicente.

Em Sergipe, juntaram-se a uma humilde trupe de saltimbancos. E aí começou, aos poucos, nova fase na vida de Rodolfo, que se tornou o palhaço Pirulito num circo maior, de propriedade de Chocolate, com quem percorreu o Nordeste inteiro. Em Sobral, Ceará, deixou o circo para passar ao serviço de um charlatão vendedor de remédios falsificados, chamado Vilela. Deixou-o em Amarração, no Piauí. Dali, os garotos seguiram para Fortaleza, onde Rodolfo voltou à sua antiga profissão de propagandista de lojas.

Depois de diversas peripécias naquela capital (inclusive uma passagem como investigador de polícia, não obstante sua pouca idade), um golpe de sorte: Rodolfo, agora sozinho, pois seu irmão fora tratar da vida em outra freguesia, ganhou uma pequena fortuna (para ele) no jogo do bicho.

Aplicou todo o dinheiro em roupa, rótulos de remédio, celofane e aparelhos de mágica para atrair a freguesia e iniciou uma carreira de charlatão ambulante (a exemplo de Vilela) e camelô pela serra de Ubajara, na divisa entre os estados do Ceará e Piauí.

Vagou assim pelos caminhos do Nordeste até meados de 1937, quando novamente se engajou num circo, como palhaço Pirulito. Mas no ano seguinte, sabedor de que estavam precisando de um professor primário em Porto Alegre, hoje Luzilândia, no Piauí, candidatou-se ao cargo e, tendo apenas o primário incompleto, passou a lecionar como professor da Prefeitura, situação em que permaneceu até fins de 1938.

Em 5 de janeiro de 1939, exatamente no dia em que seu pai falecia em Maceió, Rodolfo, embora não sabendo disso, mas cheio de saudades de casa, iniciou a volta para sua terra.

Mas muita coisa ainda havia de transcorrer antes de lá chegar. Em Parnaíba, comprou um lote de folhetos de João Martins de Athayde, iniciando assim sua carreira de vendedor de cordel. Em Camocim, no Ceará, foi preso enquanto mercava seus folhetos na feira. Na época, os poetas populares eram, como já observei, perseguidos pelas autoridades.

Declarando que era poeta por profissão, mostrou seus documentos para o delegado. Este, fã de poesia popular, duvidou de Rodolfo e desafiou-o a fazer ali mesmo um acróstico com seu primeiro nome. Embora meio atrapalhado, pegou papel e lápis, escreveu a palavra *Antônio* na vertical e, verso por verso, foi compondo a estrofe:

A vida, aqui neste mundo
Nos parece fantasia.
Temos sempre a nosso lado
Os prazeres, todo dia.

No meio de tais prazeres,
Inda se encontra os sofreres,
Os amargos da agonia.

O delegado ficou entusiasmado e Rodolfo foi levado para a casa do juiz, onde perdeu a feira fazendo acrósticos para todos os que lá se encontravam naquele domingo. Ao se queixar disso, os presentes cotizaram-se e deram-lhe dinheiro para compensar o prejuízo.

Em Fortaleza, Rodolfo escreveu o primeiro cordel de sua vida, sobre a tragédia sucedida na praia de Iracema, na qual se afogaram um poeta conhecido, uma meretriz e um militar que tentara salvá-los. Foi um sucesso, chegando a vender, em poucos dias, três mil exemplares. Isso lhe rendeu o suficiente para voltar para casa de trem.

Mas ainda não foi dessa vez que chegou. Ao sair de Recife, encontrou no trem, por acaso, o dono do circo Strigni, então muito considerado no Nordeste, que estava sem palhaço e insistiu em contratá-lo. Não pôde recusar e, um dia, quando o espetáculo estava prestes a começar, soube, por um telegrama, da morte de seu pai, ocorrida três meses antes.

Mesmo assim fez o espetáculo. Strigni, muito comovido, deu-lhe mais do que havia prometido, e ele, finalmente, voltou para casa, em abril de 1939, após uma ausência de cinco anos.

Seu irmão Aristófeles, por coincidência, também regressou naqueles dias para casa.

Rodolfo empregou-se numa firma de tecidos para prover o sustento da casa, mas ganhava pouco. Escreveu uma peça em estilo circense, Os milagres de santa Terezinha, na qual atuariam o próprio Rodolfo, Aristófeles e sua irmã mais nova, Nazaré. O final era de grande efeito, pois a própria santa Terezinha entrava em cena com vestes deslumbrantes para realizar os milagres do título. A peça foi encenada em Maceió, em Rio Largo e em Cachoeira e rendeu bem, além de pagar o vestido da santa e os quatro músicos que faziam o acompanhamento musical.

Em agosto de 1939, os dois aventureiros partiram para o mundo, novamente para o sul, vendendo "remédios" e comprando ouro quebrado, ou seja, objetos de ouro que procuravam adquirir por onde passavam e vender a peso, em Salvador.

Na capital baiana, resolveram montar uma trupe de teatro de fantoches que levaram para o interior, de cidade em cidade, em direção ao Piauí. Além do espetáculo com bonecos, havia outras atrações como as sessões de mágica e equilíbrio.

Em Conceição do Canindé, no Piauí, onde chegaram em 23 de dezembro, Rodolfo apaixonou-se perdidamente por uma garota chamada Hilda e... casou-se com ela em 31 de dezembro de 1939! Foi um namoro-relâmpago que mudou completamente a vida de nosso herói. A trupe se desfez, e Rodolfo resolveu criar raízes.

Entretanto, ainda vagou algum tempo pela Bahia, onde nasceu seu filho primogênito, em Salvador, logo depois falecido. Quando sua mulher esperava o segundo filho, resolveu voltar para Conceição do Canindé, onde nasceu sua filha Israelita.

O CORDELISTA RODOLFO

Suas andanças terminaram. Em 1942 estabeleceu-se em Teresina, capital do Piauí, onde começou, realmente, sua carreira de cordelista. Seu primeiro folheto – um sucesso comercial – chamou-se *Os clamores dos incêndios em Teresina* e falava sobre uma série de incêndios de barracos nos mocambos da cidade, que a população suspeitava ter sido promovido pelo próprio governo, desejoso de acabar com aquela zona miserável. Rodolfo morava então naquele local, e o folheto foi seu protesto, embora "em linguagem elevada", como observou o censor que o aprovou. Era o tempo da ditadura getulista.

Escreveu cerca de 34 folhetos em Teresina, em cujo Mercado Público chegou a instalar uma banca de venda de folhetos e de miudezas que, irrequieto como era, deixou sob a responsabilidade de um parente de sua mulher – o qual acabou lhe "passando a perna".

Desanimado, sem dinheiro, resolveu mudar-se para Salvador, onde se instalou definitivamente em agosto de 1945, desenvolvendo extraordinariamente seu trabalho nesta capital.

Segundo ele, "a praça já estava feita", pois os soteropolitanos eram grandes consumidores de literatura de cordel. Havia cerca de vinte cordelistas locais em atividade, fora os que eventualmente vinham de Sergipe, de Alagoas ou do interior para mercar seus folhetos.

Rodolfo pôs logo mãos à obra.

Um de seus primeiros êxitos em cordel foi *A volta de Getúlio*, publicado dois dias depois da queda do ditador, ocorrida em 29 de outubro. Era profético, inclusive. Começava pelas setilhas:

Pode o porco ser granfino,
Pode o pato não nadar,
Pode o leão ser mofino,
Pode o gato não miar,
A galinha criar dente,
Gente virar serpente,
Mas Getúlio vai voltar!

Pode um padre ser batista,
Protestante não cantar,
Católico não ir à missa,

Freira deixar de rezar,
O ateu ter salvação,
Cobra tocar violão,
Se Getúlio não voltar!

O primeiro milheiro esgotou em dois dias! E Getúlio foi um dos assuntos favoritos de Rodolfo nos próximos anos, tanto na deposição, em 1945, como na campanha eleitoral e reeleição à presidência da República em 1950, e no suicídio ocorrido em 24 de agosto de 1954.

Seus folhetos, a maioria com oito páginas mais a capa, eram impressos em tipografias. O resto do trabalho, a composição dos versos, a obtenção da ilustração da capa (geralmente uma xilogravura de seu amigo Sinésio Cabral ou um clichê obtido em jornal), a dobragem, o corte da capa, o grampeamento – era feito em casa, "nas horas vagas da noite", quer pelo próprio Rodolfo, quer "pelos meninos" aos quais ele dava pequena gratificação.

Seu ritmo de produção era intenso: nos anos iniciais, entre quatro e oito títulos por semana, dele ou de outros autores, comentando os mais diversos acontecimentos. Trabalhava, geralmente, na praça Cayru, junto ao Mercado, um dos mais movimentados pontos de Salvador. Aos poucos, foi ampliando seus "pontos de venda" com os agentes, aos quais fornecia "em grosso" . Chegou a ter trinta agentes, espalhados desde o interior da Bahia até Alagoas e Sergipe.

O mais famoso de seus colegas de trabalho era, sem dúvida, Cuíca de Santo Amaro, com quem mantinha boas relações e trocava seus folhetos. Cuíca era uma figura excêntrica, sempre de cartola, fraque, óculos escuros, extrovertido, engraçado. O assunto de seus folhetos era geralmente escandaloso e sensacionalista.

Era a antítese do próprio Rodolfo que vendia seus cordéis de terno e gravata, apelando para o sentimentalismo, o drama, a história, a emoção dos leitores, e contando com sua capacidade pessoal de comunicador para vender sua mercadoria em versos.

Rodolfo e Cuíca tornaram-se nomes nacionalmente conhecidos quando a revista *O cruzeiro*, publicada pelos Diários associados no Rio de Janeiro, de enorme circulação na época, publicou, em 26 de outubro de 1946, reportagem de oito páginas sobre os dois poetas. O artigo "Trovadores da Bahia" foi escrito por Odorico Tavares e ilustrado com fotos de Pierre Verger.

Rodolfo também editou revistas com letras de modinhas. Prosperou tanto que pôde construir uma casa na rua Alvarenga Peixoto, no bairro da Liberdade, onde sua família reside até hoje.

Rodolfo começou a numerar seus folhetos. Quando faleceu, essa contagem aproximava-se do número dois mil.

Perguntei-lhe qual o seu folheto de maior êxito. "Foi *A moça que bateu na mãe e virou cachorra*, escrito no fim da década de 1940. Já vendeu centenas de milhares de exemplares, cerca de trinta e seis edições."

RODOLFO E O GOVERNADOR

Além de folheteiro, Rodolfo teve ação decisiva como defensor e líder de sua classe, ou seja, dos compositores e mercadores de cordel.

Sua primeira ação nesse sentido foi quase involuntária. Ao se instalar em Salvador, em 1945, a profissão de folheteiro era vista com desconfiança pelas autoridades. Mas não havia diretriz. Ninguém sabia exatamente se vender cordel era bom ou mau, se o poeta popular devia ser equiparado ou não aos camelôs, estes sim considerados indesejáveis, pois vendiam mercadorias sem pagar impostos, o que prejudicava os lojistas.

Quando Otávio Mangabeira subiu ao governo do estado da Bahia, em 1946, Rodolfo lançou o folheto *ABC de Otávio Mangabeira*, por estar o assunto em voga. Um dia, encostou junto ao meio-fio do local onde trabalhava na praça Cayru um carro de chapa branca. Desceu um oficial de gabinete:

– É você o poeta Rodolfo Cavalcante?

– Sim – respondeu ele, tremendo nas bases.

– Então, venha comigo.

Rodolfo fechou sua mala de folhetos, entrou no carro e logo depois estava na presença do governador. Este logo o tranqüilizou:

– Gostei muito dos versos do *ABC* que me dedicou.

Parabéns e muito obrigado pela homenagem. Aprendeu a metrificar como?

– Eu escrevo por intuição, doutor. Vou escrevendo e sai tudo metrificado...

Bateram um papo cordial, enquanto o governador folheava alguns dos folhetos que Rodolfo levava. Na despedida, disse Mangabeira:

– Meu caro trovador, foi um prazer conhecê-lo. O governador da Bahia pode fazer algo pelo amigo? Deseja alguma coisa em especial?

– Sim, governador. Quero liberdade para trabalhar, como poeta do povo! Liberdade para vender meus folhetos em praça pública sem proibições policiais!

– Que está me dizendo? Você não tem liberdade para vender seus folhetos?

– Infelizmente, não, doutor. Chega um guarda e me deixa trabalhar, chega outro e me proíbe. Muitas vezes minha família passa fome porque me impedem de levar o pão a meus filhos.

O governador indignou-se:

– Isso não pode ser! Enquanto eu for governador da Bahia, os poetas populares terão liberdade de se expressar e de ganhar a vida em qualquer praça desse estado!

E deu a Rodolfo um de seus cartões de visita, escrevendo: "O trovador Rodolfo Cavalcante tem liberdade de trabalhar em qualquer praça do estado da Bahia."

Rodolfo saiu do palácio contentíssimo. E, naturalmente, com uma lição de vida importante: as autoridades não eram bichos-papões, e podiam ser conquistadas para a causa dos poetas populares.

O PRIMEIRO CONGRESSO DE TROVADORES E VIOLEIROS

Em abril de 1950 realizou-se em Salvador o III Congresso Brasileiro de Escritores, realizado pela Associação Brasileira de Escritores, hoje União Brasileira de Escritores (UBE). Rodolfo, muito curioso, foi ver os debates. Os temas e as teses impressionaram-no. Percebeu que ali estavam os representantes de uma classe inteira – a dos escritores – para, reunidos, localizar, equacionar e resolver seus problemas.

Vislumbrou logo a importância do evento. Saiu dali disposto a realizar algo semelhante pela sofrida classe dos poetas populares, e começou a trabalhar com entusiasmo, sem deixar, é claro, de produzir e vender seus folhetos.

Não tinha mãos a medir na propaganda do congresso, tanto em Salvador como em outros lugares. Mas só em 1954 as coisas começaram a tomar forma. Em janeiro instalava-se a Comissão Executiva do congresso, e Rodolfo trabalhava como nunca. Teve desde o início o apoio dos irmãos Tavares: Odorico – dos *Diários associados*, o autor da reportagem em *O cruzeiro* – e Cláudio, diretor da Rádio Sociedade da Bahia.

Conseguiu, no *Diário da Bahia*, em 1954, uma coluna diária chamada "Quando falam os trovadores", que manteve durante um ano, mesmo depois de realizado o congresso. E começou a editar, por conta própria, o jornal *A voz do trovador*, a serviço do congresso, do qual saíram sete números, a partir de dezembro de 1954.

Nessa época, Zora Seljan, esposa do escritor e jornalista Antônio Olinto, então alto funcionário do governo federal, esteve na Bahia e entrou em contato com Rodolfo, animando-o a ir para o Rio de Janeiro para incrementar a propaganda de seu Congresso.

Em março Rodolfo viajou para o Rio, hospedando-se em casa de Zora, com passagem conseguida por Orígenes Lessa, que o conhecia desde a época da reportagem na revista O cruzeiro. Por intermédio dele, conseguiu uma entrevista, em 4 de abril de 1955, com... o próprio presidente da República, que era, então, Café Filho! Convidou-o a comparecer ao congresso, e a ser seu presidente de honra. O presidente aceitou, mas lamentou não poder comparecer. Mandaria Orígenes Lessa como seu representante.

Andou também em São Paulo, onde travou contato com a editora Prelúdio (mais tarde Luzeiro) para resolver problemas relacionados à edição de cordéis.

Finalmente, depois de cinco anos de gestação e cerca de sete meses de labor intenso, realizou-se o I Congresso de Trovadores e Violeiros. Durante cinco dias, de 10 a 5 de julho de 1955, reuniram-se em Salvador dezenas de poetas populares (cordelistas, violeiros, repentistas) de Salvador e de outras partes do Brasil: Rio de Janeiro, São Paulo, Ceará, Pernambuco, Sergipe, Alagoas... Houve espetáculos, desfiles pelas ruas da cidade e também discussões em plenário.

Um dos principais objetivos do conclave seria – pensou Rodolfo desde o início – a fundação de uma entidade que reunisse a classe, o que de fato sucedeu. Foram aprovados os estatutos e fundada a Associação Nacional de Trovadores e Violeiros – ANTY. Assinaram a ata de fundação 87 congressistas.

O GRÊMIO BRASILEIRO DE TROVADORES

A ANTV, infelizmente, não foi muito longe. Alguns membros da diretoria quiseram transformá-la em instrumento do Partido Comunista, então bastante atuante no Nordeste. Rodolfo não se conformou com a politização da associação e acabou pedindo demissão de seu cargo de presidente, em 25 de agosto de 1956.

Nunca mais se ouviu falar na ANTY. Com a saída de Rodolfo, que era sua alma e sua vida, ela morreu definitivamente.

Mas nosso herói não desistiu. Em 8 de janeiro de 1958 voltou à carga fundando nova sociedade, o Grêmio Brasileiro de Trovadores (GBT) – que, embora mais duradouro e fecundo, foi também efêmero. Houve um erro fundamental de tática.

Levados pelo equívoco de um nome comum, Rodolfo, representante dos trovadores populares, e Luiz Otávio, líder do movimento literário trovista que iniciava na capital do país – o Rio de Janeiro - resolveram que o novo grêmio conteria as duas classes, heterogêneas demais para poderem se misturar e viver em harmonia.

O movimento trovista, cujo centro era no Rio, mas cujos cultores espalhavam-se por todo o Brasil, era formado por intelectuais provindos da classe média (dentistas, engenheiros, médicos, advogados) que praticavam a *trova* – ou seja, a composição poética de forma fixa entendida como a quadra setissílaba de sentido completo com rimas nos esquemas ABCB, ABAB, ABBA ou AABB – como literatura, e denominavam-se trovadores. Eram literatos, beletristas, gente que via nos seus versos apenas um motivo de ordem estética e satisfação pessoal. Eis um exemplo de trova literária, de Aparício Fernandes:

Parti do Norte chorando,
Que coisa triste, meu Deus!
– Eu vi o mar soluçando
E os coqueirais dando adeus!

O trovador popular, era um profissional do verso. Dependia essencialmente do produto de seu labor versificatório para seu sustento e de sua família.

Que interesses em comum poderiam ter essas duas classes, tão díspares? Nenhum, naturalmente.

Diga-se de passagem que Rodolfo, quando entrou em contato epistolar com Luiz Otávio, passou também a praticar a trova literária, o que deve ter contribuído para a confusão.

Sua maior contribuição como presidente do GBT foi, também, uma façanha: a organização, à distância, do II Congresso de Trovadores e Violeiros, realizado em São Paulo em setembro de 1960. Para prepará-lo, Rodolfo viajou em abril, novamente, para o Rio de Janeiro (onde esteve com Luiz Otávio e sua célebre "academia dos trovisqueiros") e São Paulo, onde conseguiu audiência com o prefeito Adhemar de Barros, que cedeu o estádio do Pacaembu para as reuniões plenárias e a hospedagem de cem trovadores populares.

Foi bastante pitoresco esse congresso ao qual pude comparecer, já que morava então em Santos. Um de seus grandes resultados – pelo menos para os trovadores literários – foi a eleição da chamada "nobreza trovadoresca".

Em sua passagem pelo Rio, Rodolfo havia combinado com Luiz Otávio a eleição de Adelmar Tavares, então ainda em atividade, como Príncipe dos Trovadores. No entanto, em plenário, houve "uma traição" de um dos membros da comitiva do líder carioca (Zálkind Piatigórski) com a apresentação da candidatura do próprio Luiz Otávio para aquele cargo honorífico. Este aceitou, mas com a condição de que Adelmar fosse eleito Rei da Trova. Pelo resto da vida, Luiz Otávio ostentou e se orgulhou de seu título.

Além do Príncipe Luiz Otávio e do Rei Adelmar, foram ainda eleitos, na ocasião, Lilinha Fernandes, Rainha da Trova Literária; Cego Aderaldo, Rei dos Cantadores; José Luiz Júnior, Príncipe, e Maria das Dores, Rainha dos Cantadores.

Com o passar do tempo, a disparidade entre as duas classes que formavam o GBT ficou cada vez mais evidente e, para encurtar a história, não deu outra: em 10 de janeiro de 1966 os trovadores literários pediram coletivamente demissão do GBT (que já tinha seções em todo o Brasil) e fundaram a União Brasileira de Trovadores (UBT), composta exclusivamente de trovadores literários. (Naquela época, eu residia em Santos, e fui o último presidente do GBT santista e o primeiro da nova UBT local.)

O GBT não resistiu ao golpe e desapareceu, como a primeira agremiação de Rodolfo.

Mas Rodolfo, boa alma, não guardou mágoa dos trovadores literários, mantendo relações de amizade com todos. Eu, particularmente, que o conhecia por correspondência desde o início do GBT, sempre o admirei e lhe tive muito apreço – tanto que escrevi sua biografia.

OS ÚLTIMOS ANOS: AS HOMENAGENS

Depois do II congresso, Rodolfo continuou a luta pela vida, em meio a diversos reveses, entre os quais sua mudança para Jequié e a morte trágica de sua filha mais velha. Israelita suicidou-se por causa de um amor mal resolvido com um trovador residente na Guanabara que prometera casamento e depois desistira sem maiores explicações. A moça não suportou a frustração, que resultou num problema mental sério. Para tratar de sua filha, Rodolfo transferiu-se para Salvador, em sua casinha da Liberdade.

E continuou sua luta de cordelista e líder.

Em novembro de 1976 reuniram-se em Salvador trovadores e violeiros na I Feira Regional da Literatura de Cordel, evento idealizado, como de costume, por Rodolfo, mas agora com o apoio oficial da Divisão de Cordel da Fundação Cultural do Estado da Bahia, liderada por Carlos Cunha e Edilene Matos, esta última chefe da Divisão de Literatura da entidade. Aproveitando a ocasião, Rodolfo fundou sua terceira agremiação classista, a Ordem Brasileira de Literatura de Cordel, que conduziu com êxito até o fim de sua vida.

Novo revés sofreu Rodolfo em 1984, com o arrasador incêndio do Mercado Modelo. Seus folhetos se salvaram, mas seu ponto desapareceu, já que, com o Mercado inativo – embora em obras de reconstrução - não havia mais o movimento de sua freguesia, tanto de seus humildes leitores como dos turistas que compravam seus folhetos por curiosidade ou para suas coleções.

A Fundação Cultural veio em seu socorro, oferecendo-lhe um emprego que o isentou de maiores preocupações com o sustento da família: além de Hilda, sua mulher, três filhos (Rodolfinho, Ismoca e Nilza) e mais cinco netos, filhos de Nilza (César, Rilda, Alan, Adriano e André).

No fim de sua vida, recebeu diversas homenagens consagradoras. Cito algumas:

- em 22 de junho de 1982, a Câmara Municipal de Salvador conferiu-lhe o título de Cidadão, nos termos da resolução no 490/81, do qual ele muito se orgulhava;

- em 1982, Rodolfo era assunto de tese universitária na Sorbonne, escrita pela pesquisadora Martine Kunz e intitulada *Rodolfo Cavalcante poète populaire du NordEst Brésilien;*

- em abril de 1983 saiu o meu livro *Vida e luta do trovador Rodolfo Coelho Cavalcante* (Rio, Folha Carioca Editora), uma biografia. Foi uma de minhas melhores realizações. Sei que lhe deu muita alegria;

- em 23 de novembro de 1984, a Academia Brasileira de Letras (ABL) dedicou uma sessão a Rodolfo, a fim de outorgar-lhe a Medalha Machado de Assis, láurea máxima a que um escritor brasileiro pode almejar, um verdadeiro Prêmio Nobel tupiniquim. Falaram Orígenes Lessa e Jorge Amado, os patronos da premiação, além do próprio Rodolfo, com um magnífico improviso em versos. Compareceram, além dos acadêmicos, muitos amigos de Rodolfo. Tive, então, a honra de hospedá-lo em minha casa no Rio;

- na mesma ocasião, foi homenageado pela Câmara Municipal do Rio de Janeiro;

- em 18 de março de 1986, a Fundação Cultural do Estado da Bahia organizou uma festa, um dia inteiro de homenagens a Rodolfo. Fui à Bahia por conta da fundação, pois no programa constava o lançamento de minha biografia. enditemize A imprensa, tanto os jornais como a TV e o rádio, deu cobertura completa do evento, o qual se iniciou às dez horas da manhã com a inauguração, no hall de entrada da Biblioteca Pública do Estado, de uma exposição de livros, folhetos, diplomas, medalhas e recortes sobre o homenageado.

A seguir, na praça Cayru, em frente à Banca dos Trovadores, deu-se o lançamento de *Vida e luta do trovador Rodolfo Coelho Cavalcante*, com a presença muito honrosa de altas figuras da cultura baiana: Jorge Amado, Zélia Gattai, Vasconcelos Maia, Wilson Lins, Myriam Fraga, Hildegardes Vianna, Edivaldo M. Boaventura, José Calazans, Fernando da Rocha Peres e José Coelho de Araújo, entre outros.

Bule-Bule e Zé Pedreira animaram a festa com seus improvisos. Falaram o poeta popular Armando de Oliveira e Silva, Jorge Amado, Edivaldo Boaventura (secretário da Cultura), e eu.

O almoço, de mais de cem talheres, no restaurante Velhos Marinheiros, contou com a presença da fina flor da sociedade soteropolitana. Diversas personalidades pronunciaram-se.

À tarde a festa prosseguiu, na Seção de Cegos da Biblioteca Estadual, onde foi lançada, em braile, uma antologia dos folhetos de Rodolfo, transcritos por Jerusa Maria Ferreira de Souza, deficiente visual que "leu" seu discurso com a ponta dos dedos. Foi emocionante.

A homenagem seguinte foi na Universidade Católica de Salvador (UcSal), onde os alunos de Comunicação do Instituto de Letras receberam o homenageado cantando em coro o "Hino a Rodolfo Cavalcante", composto e ensaiado para a ocasião. Fui, também, um dos oradores, e tive oportunidade de demonstrar aos estudantes a importância de Rodolfo para o cordel.

A festa terminou à noite, com a projeção de dois filmes na antiga e imponente fortaleza-prisão de Santo Antônio, onde fica hoje o Centro de Cultura Popular. Um filme era sobre Rodolfo e no outro ele aparecia lendo um folheto sobre Mestre Pastinha, o criador da capoeira angola moderna, motivo do filme.

A MORTE

Meu último contato com Rodolfo foi em Vitória, em julho de 1986, durante o VI Seminário Nacional da Trova. Eu modificara ligeiramente a letra de seu "Hino dos trovadores", adaptando-o para o caso dos trovadores literários. Ele aprovou a nova versão com entusiasmo.

No dia 7 de outubro de 1986, às 19h 30, Rodolfo, vinha do centro, da tipografia onde mandava fazer seus folhetos. Desembarcou de ônibus na ladeira de São Cristóvão, a um quarteirão de sua casa, a sobraçar sua pasta.

Ao atravessar a rua, um automóvel, vindo desembestado ladeira abaixo, colheu-o e atirou-o longe, no asfalto. O motorista nem se importou, e prosseguiu em sua corrida sem prestar-lhe socorro.

Rodolfo foi levado para o Hospital Simões Filho e depois transferido para o Hospital Getúlio Vargas, onde haveria condições de operá-lo. Mas só às 21h 30 entrou na sala de operações.

Além de traumatismo craniano e esmagamento do baço, quebrara ossos do rosto, do queixo e as pernas. Três vezes seu coração parou, e na terceira não mais se recuperou.

A 1h 10 do dia 8 de outubro de 1986, a notícia consternadora: Rodolfo não resistira e morrera ainda na mesa de operação. Da hora do atropelamento até a morte, esteve inconsciente.

Grande multidão acompanhou o enterro, um acontecimento negro na cidade de Salvador. Muitos oradores ilustres se fizeram ouvir, emocionados. Edilene Matos, por exemplo, assim se expressou: "A Fundação perde duplamente: o grande poeta e o exemplar funcionário. Nada nos consola, nem mesmo a grandeza de sabê-lo revivido para a história da cultura de nossa terra... E aqui, neste momento, nenhuma palavra vale para exprimir o sentimento de perda, a não ser a certeza de que seus folhetos ficarão suspensos nos cordéis da Eternidade".

O enterro foi filmado pelo cineasta Milton Dourado Lima. Rodolfinho colocou alguns folhetos junto ao corpo do pai. Todos cantaram o "Hino dos trovadores". O caixão foi envolvido na bandeira da ordem e levado, através do cemitério do Campo Santo, até o carneiro n° 5858 da quadra A.

Falaram novos oradores, cantou-se novamente o "Hino dos trovadores" e o túmulo foi fechado.

Assim desapareceu o poeta. Não teve chance de dizer adeus a ninguém. Ele mesmo previu o fato na trova enviada pouco antes de sua morte ao II Concurso de Trovas de Belém do Pará:

> Quando este mundo eu deixar,
> A ninguém direi adeus.
> Dos poetas quero levar
> Suas trovas para Deus.

REPERCUSSÃO DA MORTE DE RODOLFO

A morte do poeta repercutiu nos meios literários do Brasil e até do exterior, o que se pode verificar pelas notícias de jornal, artigos e, especialmente, poemas lamentando o fato. Para dar apenas um exemplo, lembro-me de ter recebido só de Campos dos Goitacazes, estado do Rio, cinco sonetos sobre Rodolfo feitos por membros do Instituto Campista de Literatura: Walter Siqueira, Alves Rangel, Elcy Amorim, Constantino Gonçalves e Paulo Roberto de Aquino Ney. E assim, muitos outros.

A seguir, uma relação parcial dos folhetos de cordel sobre Rodolfo, publicados após sua morte:

- Bule-bule (Antônio Ribeiro da Conceição). *Rodolfo vive entre nós*. Salvador, out. 1988.

- Caboquinho (José Crispim Ramos). Morre *o papa do cordel Rodolfo Coelho Cavalcante.* Feira de Santana, Edição da Prefeitura, 1986.

- Cavalcante, Adolfo Moreira [filho de Rodolfo]. *Recordações do meu pai Rodolfo Cavalcante.* Salvador, 1987.

- Cavalcante Filho, Rodolfo. *O adeus a Rodolfo Cavalcante* (1917–1986). Salvador, 1986.

- Gino Frey (Higino de Freitas Júnior). *Pavana em dez pés para Rodolfo Cavalcante.* Vitória, 1986.

- Ismoca (Isaías Moreira Cavalcante) [Filho de Rodolfo]. *O encontro de Rodolfo Cavalcante com Castro Alves no céu.* Salvador, abro 1987 .

- ______. Saudades *do grande trovador brasileiro Rodolfo Coelho Cavalcante, o rei do cordel.* Salvador, abr. 1988.

- Lara, José. *Vida, luta e morte do trovador brasileiro Rodolfo Coelho Cavalcante.* Belo Horizonte, out. 1987.

- Macedo, Téo. O *Brasil perde um herói na literatura de cordel* s.l., s.d.

- Queiroz, Lúcia Peltier de. *Homenagem a Rodolfo Coelho Cavalcante.* s.l., s.d.

- Silva, Expedito F. *O adeus de Rodolfo Coelho Cavalcante à cultura popular brasileira.* Rio de Janeiro, Universidade Federal do Rio de Janeiro, 1987.

- Silva, Minelvino Francisco. *O encontro de dois astros luminosos, Rodolfo e Jorge Amado.* [Exemplar consultado em casa da família de Rodolfo.]

Em 1987 o norte-americano Mark Curran publica *A presença de Rodolfo Coelho Cavalcante na moderna literatura de cordel* (Rio de Janeiro, Nova Fronteira / Casa de Rui Barbosa). O autor, professor da Universidade do Arizona, é especialista no cordel brasileiro. O livro foi escrito no mesmo período em que eu escrevia a biografia de Rodolfo. Eu me correspondia com o autor, e chegamos a "trocar figurinhas" sobre Rodolfo. O livro de Curran, ao contrário do meu, que se preocupa com o aspecto humano do personagem, examina e analisa sua obra cordelista.

A lei municipal no 5064, de 8 de junho de 1987, promulgada pelo prefeito João Gilberto Sampaio, dá o nome de Rodolfo Coelho Cavalcante a uma das ruas da cidade paulista de Ribeirão Preto.

CONCLUSÃO

A importância de Rodolfo Cavalcante para o movimento cordelista pode ser comparada à de outros dois grandes nomes: Leandro Gomes de Barros (1865–1918) – que montou, por volta de 1906, a primeira grande folhetaria do Recife, praticamente iniciando o gênero – e João Martins de Athayde (1880–1959) – que em 1921 adquiriu as impressoras, a loja, os títulos dos folhetos e a rede de distribuição da folhetaria de Leandro, conseguindo expandi-la ainda mais, por todo o Nordeste.

Rodolfo produziu muito, mas não é sua atividade pessoal como autor e comerciante de folhetos que o torna tão importante para o movimento cordelista. Tampouco seu trabalho na indústria do cordel, que já estava bem firmada quando ele apareceu. Nunca, aliás, possuiu impressora própria. Sempre mandou fazer seus folhetos.

Sua ação foi a favor da classe sofrida dos folheteiros, que, em grande número, viviam – e vivem – em feiras, mercados, praças e locais de peregrinação a escrever e vender seus folhetos, para ganhar a vida e sustentar, às vezes, família numerosa.

Quando Rodolfo surgiu, a vida dos cordelistas não era nada fácil. Considerados meros camelôs pelas autoridades policiais, sua presença era geralmente indesejada. Eram escorraçados, presos e maltratados, como vimos.

Publicando artigos de jornal, fazendo contatos com as autoridades (Otávio Mangabeira em 1946, Café Filho em 1955 e Ademar de Barros em 1960, por exemplo), organizando congressos (especialmente os eventos de 1955 em Salvador e de 1960 em São Paulo), fundando associações e agremiações de classe, Rodolfo conseguiu modificar tal situação, dando dignidade e representatividade aos cordelistas. Não foi por acaso que a Academia Brasileira de Literatura de Cordel do Rio de Janeiro escolheu-o como patrono.

Em março de 1990, durante o I Congresso Nacional da Trova Literária, realizado em Salvador numa das salas da Biblioteca Estadual, apresentei o trabalho *Rodolfo, cordel e trovismo* que termina com a proposta de uma estátua a ele dedicada.

Tal proposta, aprovada por unanimidade e com aplausos do plenário, eu já apresentara em palestra pronunciada no lançamento da biografia de Rodolfo.

Jorge Amado, presente naquela ocasião, apoiara minha tese, indicando até o local onde o monumento deveria ser erigido: a praça Cayru, aos pés do Elevador Lacerda, onde Rodolfo mercou seus folhetos durante 44 anos de sua vida. E o maior romancista brasileiro vivo justificava:

– Porque Rodolfo Coelho Cavalcante é um símbolo. Erigir uma estátua a ele não seria apenas erguer uma estátua a uma pessoa, mas, sim, a todos os cordelistas, violeiros e trovadores que sonham seus versos e seus ideais neste Brasil tão sofrido e tão amado.

ORIGEM DA LITERATURA DE CORDEL E A SUA EXPRESSÃO DE CULTURA NAS LETRAS DE NOSSO PAÍS

Cordel quer dizer barbante
Ou senão mesmo cordão,
Mas cordel-literatura
É a real expressão
Como fonte de cultura
Ou melhor poesia pura
Dos poetas do sertão.

Na França, também Espanha
Era nas bancas vendida,
Que fosse em prosa ou em verso
Por ser a mais preferida,
Com o seu preço popular
Poderia se encontrar
Nas esquinas da avenida.

Era em pequeno volume
A edição publicada,
Tamanho 15 por 12
Pra melhor ser consultada,
Isso no século XVIII
Depois de noventa e oito
Foi aos poucos desprezada.

No Brasil é diferente
O cordel-literatura
Tem que ser todo rimado
Com sua própria estrutura
Versificado em setilhas
Ou senão em setilhas
Com a métrica mais pura.

Nesse estilo o vate escreve
Em forma de narração
Fatos, romances, histórias
De realismo, ficção;
Não vale cordel, em prosa,
E em décima na glosa
Se verseja no sertão.

Pode o mote ser glosado
Em sete sílabas também —
Isso depende do ouvinte
O mote rimado bem,
Sem a métrica perfeita
A glosa será mal feita
Que não agrada a ninguém.

Os primeiros repentistas
Residiam no Teixeira
Cidade da Paraíba
Como Inácio Catingueira
Hogolino e outros mais
Nossos primeiros jograis
Na viola tinideira.

Fabiano das Queimadas
Do tempo da escravidão
E Romano da Mãe d'Água,
O negro Preto Limão,
Depois Antonio Marinho
E o célebre Canhotinho
Ídolos da multidão.

No começo a poesia
Popular hoje cordel
Era em quadras, realmente,
Que usava o menestrel,
Mas Silvino Pirauá
Um novo sistema dá
De maneira mais fiel.

Repetindo os últimos versos
Da quadra forma setilha
Cuja estrofe mais completa
Na melodia mais brilha,
Foi assim que começou
E depois continuou
aceitando a setilha.

No início os cantadores
Cantavam com seu pandeiro
Com triângulo, com rabeca
No Nordeste brasileiro,
As fazendas se alegravam
E os ouvintes deliravam
Nos salões ou no terreiro.

Os coronéis das fazendas
Convidavam moradores
Pra assistirem as pelejas
Dos famosos cantadores
Eram os grandes desafios
Dos repentistas bravios
Dos versos mais multicores.

Naquele tempo os poetas
Não usavam profissão
Embora fossem pagos
No calor da discussão,
O dinheiro que ganhavam
Sua alforria compravam
Saindo da escravidão.

Acontece que os vates
Conhecidos de BANCADA
Que não eram repentistas
Escreviam bem rimadas
As disputas que assistiam
E o seu folheto vendiam
Cuja obra era aceitada.

Essa poesia era
Como folheto vendida
Daí passavam escrever
O cotidiano da vida,
Os casos da região
Ou história de valentão
Que não era acontecida.

De tudo que acontecia
No país ia escrevendo...
Padre Cícero, Lampião,
Ia o povo tudo lendo.
Criou hábito no povo
De ler um folheto novo
Para a notícia ir sabendo.

O chamado trovador
Ou poeta popular
Era semi-analfabeto
Porém sabia rimar,
Seus folhetos escrevia
E os sertanejos os liam
Por ser o seu linguajar.

Como o MOBRAL, no Nordeste,
Muito alfabetizou
Nesses mesmos trovadores
A gramática melhorou,
Havia vates letrados
No Nordeste consagrados
Isso a história registrou.

Leandro Gomes de Barros
Famoso Chagas Batista,
José Camelo de Melo
E um outro cordelista
João Athayde — editor
Foi quem deram mais valor
À classe de repentista.

O cordel é dividido
Escrito, cantado, oral,
Porém o cordel legítimo
É aquele tipo jornal,
Que trazia a notícia nova
Em sextilhas, nunca em trova
Que agrada o pessoal.

O cordel sendo cultura
Hoje tem sua tradição,
Chamado literatura
Veículo de educação
Retrata histórias passadas
Que estão documentadas
Para toda geração.

Nas famosas faculdades
Da Itália e Grã-Bretanha,
Japão, Estados Unidos,
França, Portugal, Espanha,
Se formam hoje doutores
Nos versos dos trovadores
Como dá-se na Alemanha.

Cadeira para cordel
Hoje é uma realidade,
Por exemplo hoje em São Paulo
Em qualquer u'a faculdade
Tem muita gente estudando
Muitos jovens pesquisando
Como especialidade.

Livro de Manoel d'Almeida,
João José e Minelvino,
E José da Costa Leite
Que é bom vate nordestino
São em Sorbonne estudados
E no Arizona cotados
dentro do melhor destino.

Dizer hoje quem é o maior
Dos poetas do Brasil
Escritores de cordel
É uma opinião mais vil,
São centenas de valores
E falando em cantadores
Hoje ultrapassam os mil.

Já foi tempo que diziam
Que os folhetos do sertão
Eram só de analfabetos,
De poetas sem instrução,
Há trovadores formados
E outros conceituados
Pela boa correção.

A nossa literatura
De cordel pelos sertões
Educa o povo e distrai
Pelas suas narrações,
Além disso documenta
Um fato que apresenta
Atraindo as multidões.

Assim, vocês estudantes,
Devem ir enriquecendo
Lendo a literatura
De cordel que vai crescendo
Pois lá nos seus escritos
Serve para os eruditos
Seus temas desenvolvendo.

Os governos do Nordeste
Já estão colaborando
Nos festivais do Nordeste
Que estão se realizando,
Na Paraiba, Bahia
E em Alagoas a poesia
Vem muito se propagando.

Piaui e Ceará
Maranhão, todo o Nordeste
Da mesma forma no Sul,
No Leste até o Oeste,
Cordel tornou-se família
Se projetando em Brasília,
E na região do Leste.

No Território do Acre
O nosso cordel fascina,
Poetas do Amapá
Sua platéia dominam.
Porque tem o seu papel
De propagar o cordel
Lá da terra nordestina.

R — omances dos trovadores
O — s temas são divulgados
D — entro das nossas tevês
O — s seus casos bem narrados,
L — ivros bons de folcloristas
F — alam sobre os cordelistas
O — s seus nomes consagrados.

ANTÔNIO CONSELHEIRO

Fim do século dezoito
Na Bahia apareceu
Um pregador cearense
Que dizia: Quem sou eu?...
— Sou o Emissário Divino
Salvador do nordestino
Que ouve o conselho meu.

— Trago a palavra de Deus
Que é a Espada da Verdade.
— Sou o Caminho daquele
Que deseja a Eternidade.
Seja moço ou seja velho
Ouvindo meu Evangelho
Tem que fazer Caridade.

— Só peço aos meus seguidores
Que cuidem da Salvação
Vendendo tudo que tem
E entregando ao seu irmão,
O Reino já se aproxima,
Quem não olhar para cima
Fica infincado no chão.

— Caso e batizo de graça
Não pago imposto também
Porque a terra é de Deus
Não pertencendo a ninguém...
Construirei a Cidade
Que se chama, na verdade:
A "Santa Jerusalém"

Era Antonio Conselheiro
Um exótico pregador
Que arrebanhava gente
Quase em todo interior,
A sua estranha Doutrina
Se chamava "ORDEM DIVINA"
Sendo ele o Salvador.

Guerreava contra Padres,
Prefeitos e Coletores
E à frente da multidão
Doutrinava os pecadores,
Pelo seu verbo inflamado
Dizia ser Enviado
De Jesus e a Mãe das Dores.

Em toda Aldeia que ele
Passava ia construindo
Capelas e mais capelas
Com a multidão seguindo...
Dessa forma era o retrato
Do mais afoito Beato
Que do Norte tinha vindo.

Vestia ele uma túnica
Grosseira de azulão,
De cabeça descoberta
Apoiado num bastão,
Barbas brancas e crescidos
Seus cabelos, parecidos
Semelhantes de Sansão.

Era Antonio Conselheiro
Cearense foragido
Que tinha sido Mascate,
Coletor reconhecido,
Devido um crime de morte
Mudou ele até de porte
Para não ser conhecido.

Conviveu com Padre Cícero
Ouvindo suas Pregações,
No Juazeiro do Norte,
Aprendeu fazer sermões,
Daí teve um tino novo
De catequizar o povo
Nas agrestes regiões.

Ao depois que Conselheiro,
Catequizou muita gente
Começou a agredir Padres,
Governos e Presidente,
No lugar que ele passava
Ninguém imposto pagava
Nem mesmo um tostão somente.

O estranho Missionário
Na sua "SANTA MISSÃO"
Espalhava o fanatismo
Prometendo Salvação.
Pai de Família empregado
Por ele catequizado
Se juntava à multidão.

Pelo Cooperativismo
Os fanáticos viviam,
Trabalhavam sem salários,
O que ganhavam comiam,
Se conseguissem dinheiro
Entregavam ao Conselheiro
Assim nada possuíam.

Quem seguisse o Pregador
À casa não mais voltava,
Deixava mulher e filhos,
De uma vez se separava...
Era Conselheiro o Amigo
E o mais era Inimigo
Certo de que se salvava.

Era caso de Polícia
O modo do Conselheiro,
Pois já virava anarquia
Contra o País brasileiro,
Foi o Governo ciente
Do Pregador insolente
Contra um povo tão ordeiro.

O Doutor Luís Vianna
Governador da Bahia
Relatou ao Presidente
Tudo quanto ele sabia,
Fanáticos municiados
Assassinavam soldados
À qualquer hora do dia.

Começou em setenta e quatro
O Conselheiro pregando
Construindo suas Igrejas
E ao povo doutrinando.
Porém em noventa e quatro
O sertão virou teatro
Do conflito mais nefando.

Cumba virou um inferno
Igualmente Cansanção.
Canudos a Monte Santo
Eram cidades do Cão,
O Rio Vesa-Barris
Era o roteiro infeliz
Da tragédia do sertão.

Soldados de Alagoas,
De Sergipe e da Bahia
Sofriam dentro do mato
Com pesada Infantaria,
Era a guerra dos lunáticos
Onde Jagunços fanáticos
Até o sangue bebiam.

De Chorrochó à Uauá
Os Jagunços de emboscada
Assassinavam soldados
Até mesmo de pedrada,
Nos arvoredos ocultos
Sorriam, faziam insultos
Em histérica gargalhada.

Tornou-se o Inferno de Dante
A guerra mais fratricida
Do Nordeste brasileiro
Outra não acontecida,
Os jagunços na procela
Comendo urtiga e favela
Perdiam o gosto da vida.

Era o sofrer das caatingas,
Dos mandacarus talhados
Pelos golpes dos facões
Entre jagunços, soldados,
Os fanáticos matreiros
Trepados nos oitizeiros
Eram sagüins enraivados.

Os soldados pracianos
Apenas com munição
Não conheciam os segredos
Dos mistérios do sertão,
Por detrás da macambira
Jagunços faziam mira
Ouvindo o tombo no chão.

Foi na serra da Cambaia
O quadro desolador
De soldados e jagunços
Que não houve vencedor,
Em toda extensão da serra
Foi a Batalha da guerra
Que causou maior clamor.

Qualquer Tropa do Governo
Contra os jagunços perdia,
Porém em "Taboleirinho"
Com renovada energia
A Tropa vence a Batalha
E a jagunçada se espalha
Pois do contrário rendia.

Brava e forte Artilharia
Nova luta começou
E em Bendegó de Baixo
A Cobra nova fumou...
Nessa Batalha Gigante
Foi a Tropa triunfante
Conselheiro recuou.

Finalmente em Monte Santo
Houve nova mortandade
Com baixas de parte a parte
De maior atrocidade,
Cada qual tinha o seu jogo,
Foram cinco horas de fogo
Sem saciarem a vontade.

Coronel Moreira César
Heroicamente lutou
Noutro Combate cerrado
Porém alguém o alvejou...
Ferido disse sorrindo:
Tome conta Tamarindo
Que minha hora chegou.

Dia cinco de outubro
Do ano mil e oitocentos
Noventa e Sete Canudos
Entre os mares de tormentos
O sangue ensopando a terra
Terminou a triste guerra
Que só causou sofrimentos.

Conselheiro estava morto
Por sofrer tantos reveses
Porém morreu como Líder
Nos momentos mais cruéis,
Foi ele um Santo Guerreiro
Que teve o fim derradeiro
Morrendo pelos fiéis.

Para concluir, leitores,
Foi Antonio Conselheiro
Um Bravo, um Herói, Fanático,
Um cidadão brasileiro
Que seria premiado
Se ele lutasse ao lado
De um ideal verdadeiro.

R — uiu todo misticismo
O — nde a falsa pregação
D — issipou milhares de vidas
O — bscurecendo o sertão ...
L — ivre Deus-Pai Verdadeiro,
F — indo Antonio Conselheiro
O — utro não apareça, não.

O BOI QUE FALOU NO PIAUÍ

Deu-se o caso em Jaicós
Que do Piauí é estado
Onde um grande fazendeiro
Era ali admirado
Devido ao que possuía
E a sua grande alegria
Era ter bastante gado.

Mais de 20 mil cabeças
De gado, com exatidão
Tinha o coronel Praxedes
Espalhadas no sertão
Comprava Zebu de raça
E levava para a praça
Quando havia exposição.

Zebu de 30 milhões
O coronel possuía
"GUZERATH" e "HOLANDÊS"
Ele bastante vendia
Sem usar de contrabando
Mandava vir da Holanda
Gado, quase todo o dia.

Um certo dia chegou
Um cidadão estrangeiro
Trazendo da Dinamarca
Um boi bastante fagueiro
Parece que por adredes
Foi ao Coronel Praxedes
Oferecer-lhe primeiro.

Mil e cem quilos o boi
Na realidade pesava
Trazendo dois empregados
Ambos o "gringo" pagava
Para o tal boi ser tratado
Com o máximo de cuidado
Aonde o boi se instalava.

Era um boi de duas cores
De uma pequena estatura
Porém, devido a seu peso
Era de uma enorme grossura
Com seus olhares serenos
Tinha dois chifres pequenos,
De uma bonita figura.

Perguntou o coronel
Ao dito dinamarquês:
Quanto pede pelo boi
Me responda de uma vez?
Peço cinqüenta milhões
Menos não aceito frações
Se quer ganhar um freguês.

Disse o coronel: — Dou trinta
Pois, minha vontade aumenta
Levá-lo na exposição
Já que o amigo me tenta...
Tornou o dinamarquês:
— Para findar de uma vez...
Me passe logo QUARENTA!

— Está feito — respondeu
O coronel animado.
Passou o cheque e mandou
Levar o boi ao cercado.
Numa véspera de São João
Houve uma exposição
Em Teresina, de gado.

Quando o boi do fazendeiro
Chegou nessa exposição
Recebeu quatro medalhas
Cada qual de um milhão
Entre os congêneres mil
Foi ele em todo o Brasil
Verdadeiro campeão.

Voltando da exposição
O tal boi descomunal
Ao chegar em Jaicós
Penetrou no matagal
Não houve nenhum vaqueiro
Que mostrasse ao fazendeiro
Nem o rastro do animal.

Porém o preto Zé Telles
Um certo dia avistou
O tal boi numa Santa Cruz
Bem perto dele encostou
E ouvindo o boi falando
Foi o diálogo escutando
Tudo ao Coronel contou.

Disse o boi: — Não adianta
Ter-se bonita figura
Para dar medalha ao dono
Que tem a mente obscura
Pois ele com seus cruzeiros
Vai comprar meus companheiros
Prá levá-los à tortura!

— É raro o dia que ele
Não leva pro Matadouro
Meus irmãos e minhas irmãs,
Come a carne e vende o couro,
Outros numa vida tirana
Vivem carregando cana
Só para encher-lhe de ouro. —

Surge um cavalo que estava
Perto do boi escutando
E diz — Olá companheiro
O que é que estás reclamando? —
O boi de testa caída
Disse: — Lamento a minha vida
Não estou mais suportando —

— Bebem o leite de mamãe
Pegam o meu pai assassinam...
Quando a gente é muito gordo
Que ao mundo inteiro fascina
Nos levam para a Exposição
Porém quem ganha é o patrão
Se enchendo de "granolina".

— Aproveitas o teu tempo
Enquanto estás cobiçado
(Disse o cavalo tristonho),
Já fui bem gordo e cevado
Hoje vivo padecendo
Meus ossos aparecendo
Pelo patrão desprezado.

— Quando era forte e sadio
Comia gorda ração:
Milho, capim, rapadura,
A mandado do patrão:
Hoje cheio de bicheira
Não há ninguém que me queira...
Homem não tem coração! —

— Retruca o boi: — É por isso
Que eu não quero mais saber
Dos agrados do patrão
Resolvi me defender.
Vou virar-me endiabrado
Porém, aquele malvado
Nunca mais há de me ver.

Nisto chegou um Carneiro
Que pastava ali ao lado
E disse: — Meus bons amigos
Não vejo nada acertado
Que Jesus Cristo os perdoe
Principalmente o irmão boi
Que vive mais revoltado.

O boi olhou pro Carneiro
E tristonho respondeu.
— É porque seu sofrimento
Não se compara com o meu
Vejo o meu dono matando
Aos meus irmãos maltratando
Com o mau instinto seu. —

Disse o carneiro: — Eu também
Morrerei assassinado
Porém é a lei do destino
Para isso fui gerado
Quando chegar o meu dia
Mesmo sofrendo agonia
Terei que morrer calado. —

Disse o cavalo: — Carneiro
Ouça a minha opinião:
Eu acho que o irmão boi
É que tem toda razão
Eu tenho isso de cor:
"Não existe dor maior
Do que a dor da ingratidão!"

Falou o boi: — É exato
Meu prezado companheiro
O homem além de ingrato :
Tem instinto carniceiro
Cria a gente pra matar
Botando pra trabalhar
Para ele o tempo inteiro. —

Disse o Carneiro: — Me ouçam
Por favor, por um momento...
Vos peço que fiquei certos
Que o nosso sofrimento
É permitido por Deus
Por isso os sofreres meus
Eu morro, mas não lamento.

Somente sofrem aqueles
Pela lei determinada
Pois o sofrimento traz
Nossa alma lapidada
Nisto explica a Evolução
E um dia o nosso patrão
Trilhará em outra estrada.

— Que filosofia é esta?
(Disse o boi com emoção)
Quase não estou compreendendo
Esta sua explicação...
Pro meu patrão sou tesouro
E amanhã me tira o couro,
Qual a lei da gratidão?

Disse o Carneiro: — Vocês
Trilham num roteiro errado
Se o homem é criminoso
Ele por si é julgado
Quem é vítima, depois
Há de ver o próprio algoz
Por seu crime condenado! —

Disse o cavalo: — Gostei
Desta sua explicação
Vou terminar os meus dias
Sem odiar meu patrão
Se hoje vivo maltratado
Porém mió serei julgado
Por crime de ingratidão!

Chegando aos pés do Cruzeiro
O boi para o céu falou:
— Desejo morrer agora
Como Deus determinou
Mesmo sem dizer um ai,
Muito obrigado meu Pai! —
E pra Fazenda voltou.

Contou o vaqueiro ao patrão
Todo o diálogo que ouviu
Mas ninguém acreditou
Até Praxedes sorriu .
Eu não sei se isto é lenda
Mas dizem que da Fazenda
O vaqueiro se sumiu.

Se o tal boi do Piauí
Na verdade não falou
Que isto sirva de fábula
Como o trovador narrou.
Deus perdoe quem é marchante
E a RODOLFO CAVALCANTE
O poeta que versou.

O ENCONTRO DE RODOLFO CAVALCANTE COM LAMPIÃO VIRGULINO

Com 15 anos de idade
Viajando com um irmão
Pelo sertão de Alagoas
Encontrei com Lampião
E mais 30 cangaceiros
Que pareciam vaqueiros
Com os seus rifles na mão.

Eu saí de Pão de Açúcar
Com Ari acompanhado,
Viajava o mano a pé
Enquanto eu ia montado,
Quase me ardendo de febre
Eu avistei um casebre
Por cangaceiros cercado.

Ari puxou o jumento
Para fora da estrada
E ficamos escutando
Gemidos e gargalhada,
Quando todos deram fora
Passando quase uma hora
Foi que tomamos chegada.

Encontramos u'a senhora
Com o seu dedo anular
Decepado pelo meio
Com o sangue inda a jorrar...
Chorava como criança,
Tinham levado a aliança
E o chefe do seu lar.

Disse ela que o marido
Que sofria de sezão
Foi obrigado, coitado,
Viajar com Lampião
Para ensinar o roteiro
Da casa de um Fazendeiro
Lá daquela região.

Ao depois de confortá-ta
Eu com o mano saímos,
Em direção à Santana
De Ipanema nós seguimos,
Viajamos com receio
Quando um novo quadro feio
Lampião bem perto vimos.

Debaixo de uma ingazeira
Lampião se descansava
Junto com seus cangaceiros,
Porém um que se encontrava
De vigia observando
Foi depressa nos levando
Aonde o "Capitão" estava.

Estava o homem da vítima
Que deixei atrás chorando
Sentado, muito tristonho,
Talvez no seu lar pensando,
E Lampião bem gentil
Pegado no seu fuzil
Com u'a mulher conversando.

O "cabra" que nos levou
Parecia ser um mudo,
Nos olhava atravessado
Como quem fazia estudo
E à frente de Lampião
Foi dizendo: — Capitão
Agora resolva tudo!...

Quando ouvi essa conversa
Todo meu corpo tremeu,
Meu irmão mudou de cor
Coitado, empalideceu,
Rezei a "SALVE RAINHA"
Sabendo que mais farinha
Nunca mais comia eu...

Lampião todo fechado
O meu nome perguntou
E o nome do meu irmão
Do meu mano se informou,
De onde vinha para onde ia
E se eu de fato sabia
Onde a "VOLANTE" ficou.

Respondi-lhe: — "Capitão
Nós somos pobres artistas,
Viemos de Pão de Açúcar...
Fixando bem suas vistas
Para nós, sério, falou-nos,
Com bons modos perguntou-nos:
— Vocês são Malabaristas?...

— "Não senhor, lhe respondi,
Com Bonecos trabalhamos,
Quebramos pedras nos peitos
E a nossa cara melamos",
Lampião pensou... pensou...
Dois minutos demorou
Ao depois que nós falamos.

Disse ele: — "Pra aonde vão
Fazendo esta jornada?..."
— Nós vamos para SANTANA
Se é que esta é a estrada...
Disse: "Vai no rumo certo,
Daqui lá não é tão perto...
Três horas de caminhada!..."

"Escutem bem — vocês: dois
Quando em Santana chegar
Não vão dizer que me viu,
Cuidado o que vão falar...
Eu só aviso uma vez,
E se disserem, vocês
Não poderão escapar."

Eu falei: — Muito obrigado
Capitão, nada diremos. —
Lampião disse: — Descansem...
Nisso o animal soltamos,
Meia hora demoramos
E ao depois nós rumamos
Ao destino que escolhemos.

Em Santana do Ipanema
Chegamos no mesmo dia,
Com o Coronel Lucena
Eu pedi a garantia
Para poder trabalhar,
Sem nada lhe revelar,
Pois se dissesse morria ...

Felizmente que a nós
Nada ninguém perguntou.
Trabalhamos quatro dias
Que todo o povo gostou,
Seguimos para Cascão —
Pequena povoação —
Que um cidadão nos chamou.

À noite quando o Salão
Estava superlotado
Já no meio do espetáculo
Um cidadão, apressado,
Com força à porta bateu,
Pelo recado que deu
Deixou o povo assombrado.

Disse ele, que Curisco
Vinha o espetáculo acabar,
Nesta hora todo o povo
Começou a se agitar,
Era mulher desmaiando,
Rapazes, moças gritando,
Toda criança a chorar.

Com dez minutos depois
Naquela povoação
Não ficou uma criatura...
Até eu e meu irmão
Dentro do mato dormimos
E de manhã nós seguimos
Para outra direção.

Eu não soube se o Curisco
O lugarejo atacou,
O certo é que em Águas Belas
Um cidadão me informou,
Era verdade a notícia
Que Lampião à Polícia
Um tiroteio travou.

Muita gente afirma, que
Lampião era ruim,
Eu não posso condená-lo
Porque nada fez a mim,
Ao contrário: a mim e ao mano
Deu a prova de humano
Como cavalheiro enfim.

Lampião pelo destino
Na senda triste vivia
Devido às circunstâncias
De tanta selvageria
Pela injustiça da era,
Se tornou uma Besta-Fera
Pelas mortes que fazia.

Muitas coisas que se narram
Em nome de Lampião
São maldades inventadas
Como lendas do sertão,
Muitos dramas de fazendas
Mais da metade são lendas
Da própria imaginação.

Foi Virgulino Ferreira
Pobre homem injustiçado
E por isto vingativo
Se tornou um celerado,
Se a justiça fosse reta
Nem jornalista ou poeta,
O teria decantado.

Lampião era um bom filho
Nunca se pode negar,
Foi também bom companheiro
Como pode se provar
No epílogo da desdita
Junto a Maria Bonita
Os seus dias foi findar.

O homem por mais cruel
Tem seu lado positivo
Por ser Centelha Divina,
E enquanto ele for vivo
Há esperança divina
Se su'alma cristalina
Ter um rumo objetivo.

Embora sendo criança
Com meus 15 anos de idade
Pude ver em Lampião
Vítima da sociedade,
Talvez ele em outro meio
(Posso dizer sem receio)
Era útil à humanidade!

Não vi a hiena feroz
Nem o leão devorador,
Ao contrário: vi um ser
Realmente sofredor
Que só andava assustado
E para não ser caçado
Matava seja quem for...

Vamos mudar a imagem
Do lendário Lampião,
Morreu o analfabetismo
O flagelo do sertão,
Que foi o grande fator
Do drama desolador
Do temível Capitão."

Essa história é verdadeira
Fica como um comprovante
Que Lampião Virgulino
Teve o seu lado brilhante,
Se não foi um benfeitor
Não matou o trovador
RODOLFO C. CAVALCANTE.

CUÍCA DE SANTO AMARO
O POETA POPULAR QUE CONHECI

Na "Baixa dos Sapateiros"
Entrada do Taboão,
Eu e Cuíca fizemos
Um pacto na profissão,
Quando um morresse primeiro
Versaria o derradeiro
A História do seu irmão.

Mil Novecentos e Quarenta
Conheci a vez primeira
Cuíca de Santo Amaro
Vendendo Livros na feira,
"O Homem que inventou
o trabalho" ele versou
De engraçada maneira.

Quarenta e Cinco voltando
A morar em Salvador
Cuíca já tinha fama
Na vida de Trovador,
Quando ele ainda novo
Era o Poeta do Povo
Popular versejador.

Era baiano da gema
Pois em Salvador nasceu,
Se chamava José Gomes,
Porém o apelido seu
Ficou sendo muito claro:
"Cuíca de Santo Amaro"
Nome que ele mesmo o deu.

Dizem que ele muito moço
Tinha como distração
Fazer belas serenatas
Ao som de um violão
Quando em Santo Amaro ia,
Dest'artes se distraía
Atraindo multidão.

Mil novecentos e nove
Na Castanheda nascia,
No Centro da Capital,
A nossa amada Bahia,
Abraçou a profissão
Perante a população
No ramo da Poesia.

Tinha o Signo de "Peixe"
Porque em março nasceu,
Dia dezessete, portanto,
Como trovador viveu,
Teve fama, teve glória
E na sua trajetória
Na vida também sofreu.

Todo caso que se dava
Na Capital da Bahia
Ou mesmo no interior
Cuíca logo sabia,
Não versava ele boato
E sim o concreto fato
Que o jornal confirmaria.

Nunca levantou um falso
Para fazer sensação,
Só versava o que dava
Da Capital ao sertão,
Era um Jornal do Estado
Que o povo tinha cuidado
De ler sua narração.

Muita gente da política
De Cuíca tinha medo,
Pois o seu estro era fogo
Que derretia rochedo,
Quem mal ato praticasse
Por certo que esperasse
Que terminava o segredo.

Normalistas que vivessem
Certas "Casas" freqüentando
Tivessem muito cuidado
Pois Cuíca até sonhando
Se soubesse da safadeza
Um folheto, com certeza,
Ia logo publicando.

Muita gente receosa
Temia do rimador,
Entretanto, tinha ele
Muita gente ao seu favor,
Até os homens do Cais
Já não compravam jornais
Para ler o Trovador.

Cinco horas da manhã
Com seus folhetos na mão
Cuíca estava na "Leste"
Gritando na Estação,
E dentro dos trens mercando
Ia os Títulos anunciando
Chamando o povo atenção.

"A Negra que se casou
Com um americano cortês
Que ensinou ela falar
O Castelhano e o Inglês
Teve um filho diferente,
Não é bicho e nem é gente
Que nasceu todo pedrês".

"A história do Veado
Que matou o Caçador"
Ou senão: "Mulher de Brotas",
"Falta Pão em Salvador",
"Misérias da Circular"
E "Um Padre Popular"
Que está morrendo de Amor".

Toda Obra de Cuíca
Chamava ó Povo a atenção,
Já tinha fregueses certos
Do "Lacerda" ao "Taboão",
Do "Terreiro" à "Barroquinha",
De Salvador à Serrinha
E em todo o nosso sertão.

Uns oitocentos folhetos
Cuíca em vida escreveu,
Como Poeta-Repórter
Outro igual não apareceu,
A Bahia tem saudade
Do Poeta da Cidade
Que pouco tempo viveu.

Se ele pecava na métrica
Seus versos tinham sabor
Da própria alma do Povo,
Por isso que o trovador
Atraía a multidão
Que até numa Eleição
Quase foi Vereador.

Defendia ele os direitos
Do povo quando explorado,
Fazia críticas severas
O que visse de errado,
Combatia os "Tubarões"
Por todas explorações
Que houvesse no Estado.

Quem não andasse direito
Cuíca sentia o faro
E o seu folheto saía
Sem pedir segredo, é claro,
E como ele não temia
Na capa ele escrevia:
"Cuíca de Santo Amaro".

Os desenhos dos folhetos
Sinézio Alves fazia
E também os seus Cartazes
Mostrando o fato do dia,
Cuíca ficou famoso
Como vate valoroso
Que não bancou covardia.

Passou ele seus vexames
Só por versar a verdade,
Foi Cuíca em Salvador
O Poeta da Cidade,
Morreu pobre esquecido,
De ninguém foi protegido,
Hoje o povo tem saudade.

Era um Gregório de Matos
Que em Salvador vivia
Versando todos os fatos
Do Estado da Bahia,
Vivendo da inteligência
Não temia a conseqüência
Quando o folheto saía.

À tardezinha Cuíca
Com seus folhetos na mão
E com um embrulho de lado
Pegava sua lotação
Levava pros "enchadinhos"
Como chamava aos filhos,
A sua alimentação.

Usava Fraque e Cartola
Como hoje usa o "Chacrinha"
Camisa branca, engomada
E na Cartola u'a peninha,
Com o povo gracejava
E todo mundo o estimava
Pelo jeito que ele tinha.

Respeitava as famílias
No lugar onde passava.
Somente nos seus folhetos
Cuíca pilheriava,
Era assim que ele vivia
Pelas ruas da Bahia
No labor que tanto amava.

Era demais esforçado
Na luta do ganha-pão,
Se alguém dele criticasse
Nunca ligava atenção,
Era um repórter inteirado
Conhecido em todo o Estado
Com sua pena na mão.

De manhã no Elevador
Lacerda ele mercava
Seus folhetos, com cartazes,
E à tarde trabalhava
Na "Baixa dos Sapateiros"
Levando os tabuleiros
Todo freguês que passava.

Faleceu ele em janeiro
De sessenta e quatro o ano,
Tive a notícia em Itabuna
Num matutino baiano,
Perdeu a nossa Bahia
Melhor repórter do dia,
De um coração humano.

Era um chefe de família
Concretamente exemplar,
Cumpridor dos seus deveres,
Zelando pelo seu lar,
Morreu e nada deixou
Porém o nome ficou
Para o povo se lembrar.

A viúva de Cuíca
Precisa ser amparada,
Em memória do poeta
De uma profissão honrada
Isso já há muito devia
Ter se feito na Bahia
E a hora está chegada.

Cuíca, caro Colega,
Nosso trato foi cumprido,
Desculpe ter demorado
Mas você não é esquecido,
Deus o tenha em sua glória
E receba esta história.
Conforme meu prometido.

A MULHER QUE FOI SURRADA PELO DIABO

Eu vou narrar uma história
Que Hermes Gomes contou
Cuja moral do enredo
A muita gente abalou;
Fica o caso como exemplo
Que o lar é o maior templo
Que Deus no mundo deixou.

Disse Hermes que vivia
Um casal conceituado
Numa cidade que o nome
Agora não estou lembrado,
O esposo um lutador,
Cidadão trabalhador
Por todo povo estimado.

Tinha o casal três filhinhos
Dois meninos e u'a menina,
Nada faltava no lar
Pois ele como carpina
Era ativo interesseiro,
Ganhava muito dinheiro
Na sua própria oficina.

Nada faltava à mulher
Tendo tudo que queria,
Mas por sua vaidade
Tudo desfez-se num dia,
Resolveu ela deixar
O seu mais ditoso lar
Para entregar-se à orgia.

Dizia ela consigo:
— No meu lar não tenho nada,
O meu marido é um santo
Vivo bem como casada,
Entretanto a minha vida
Me deixa a alma oprimida
Numa casa enclausurada.

Irei percorrer o mundo
Para minha vida gozar
Conhecer novas paragens,
Beber, fumar e dançar,
Ter a minha liberdade
Para que a mocidade
Possa melhor desfrutar.

Já chega de lavar roupa,
Varrer casa e cozinhar
Quero sair pelo mundo
Somente para gozar...
Sou moça, tenho saúde,
Não perco minha juventude
Escravizada num lar.

E assim ela pensando,
Sua bagagem arrumou.
Fez um bilhete ao marido
E numa manhã viajou,
Deixando os filhos dormindo,
Sem o remorso sentindo
Do esposo que deixou.

Quando o marido acordou-se
E logo o bilhete leu
Chorou igual uma criança
Pela esposa que perdeu,
Sentindo n'alma os espinhos
Foi cuidar dos seus filhinhos
Os anjos que Deus lhe deu.

A mulher aventureira
Quando da casa saiu
Na primeira encruzilhada
Um arrepio sentiu...
Quando ela olhou para trás
Foi avistando um rapaz
Que lhe saudou e sorriu.

— Para onde vai Sá Dona
Com a mala carregando?...
Disse ela alegremente:
— Da forma que estou pensando
Irei ao mundo gozar,
Pois abandonei o lar
E agora vou viajando.

Esse moço era o Diabo
Que respondeu para ela:
— Sá Dona tenha juizo,
Cuidado, muita cautela,
Que o mundo é duvidoso,
Falso, vil e mentiroso,
Cheio de toda procela.

— Tome um conselho Sá Dona!
Regresse para o seu lar,
Tomar conta dos seus filhos
Para amanhã não chorar...
Reflita neste momento
Antes do arrependimento
Que um dia há de chegar.

Que nada! — disse a mulher
Eu já estou resolvida.
Eu quero gozar no mundo
Todos prazeres da vida...
Cinco anos de casada
Eu já estou enjoada
De só viver oprimida!

— Não faça isso Sá Dona...
Seus filhos estão chorando
E seu esposo inocente
Está triste se acabando;
Abrande seu coração
Não use de ingratidão
Para não findar penando.

Quem é você que me vem
Dar conselhos que não quero
Se dane com seus conselhos
Que isso tudo é lero-lero.
Desejo minha liberdade
Pra gozar minha mocidade
E a ninguém eu considero.

O Satanás novamente
Parecendo um bom cristão
Mostrou-a o quadro do mundo
Em toda sua extensão,
Porém a mulher teimosa
Traiçoeira e vaidosa
Não mudou de opinião.

Por fim disse o Satanás
Da forma que aqui estou
Um dia lhe esperarei.
Diga que não me escutou,
Quando a senhora sofrer
Eu só peço não dizer:
O Diabo me enganou!...

Dizendo isto o Satã
Foi abrindo uma cancela
E ao despedir-se lhe disse
Que esperaria ela,
A mulher se admirou
Quando defronte avistou
Bonita casa amarela.

Deixando o Diabo ela
Prosseguiu sua aventura
Numa primeira cidade
Gostou de uma criatura,
Essa vivendo com ela
Logo desgostou-se dela
Deixando-a na amargura.

Empregou-se numa casa
De um ricaço Doutor
Um dia um certo ladrão
Roubou jóias de valor,
Sendo ela suspeitada
Foi logo trancafiada
Sofrendo terrível dor.

Se vendo ela perdida
No seu viver infeliz
Com dois anos, justamente,
Transformou-se em meretriz,
Depois de muito sofrer
Veio ela compreender
quem tem um lar é feliz.

Manchou-se sua epiderme
Desbotou sua feição
Os seus lábios cor de rosa
Ficaram como algodão,
Os cabelos desgrenhados
Deixaram ser ondulados
Perdendo toda expressão.

Apareceram eczemas,
O corpo todo chagando...
Numa terrível megera
Começou ela esmolando:
Dormindo pelas calçadas,
Nas chuvosas madrugadas
Ia o corpo definhando.

Lembrou-se ela do moço
Da linda casa amarela
Que tanto lhe aconselhou,
Bem pertinho da cancela...
Via seus filhos chorando
E o esposo se lastimando
Sentindo saudades dela.

Depois de muito sofrer
Resolveu ela voltar
Para implorar o esposo
Tomar conta do seu lar
E assim perambulando
Saiu no mundo esmolando
No mais tristonho penar.

Quando completou três anos
Que ela no mundo sofreu
Um dia viu a cancela
Que o moço apareceu...
Logo foi o avistando
E tristemente chorando
Contou-lhe o que sucedeu.

Disse ela: — Ai seu moço
O mundo é mui diferente...
O Diabo me enganou
Pois nada estava ciente!
Pensei gozar minha vida
Hoje estou arrependida
Do que fiz antigamente.

O Satanás nessa hora
Tinha um chicote na mão,
E logo se transformou
Com rabo, chifre, esporão,
E disse: — Mulher danada
Você que foi a culpada.
Da sua situação!

— Não se lembra desgraçada
Quando aqui lhe avisei?...
Como diz que o Diabo
Lhe enganou?... eu lhe esperei
Para dar-lhe boa sova
Que ficará como prova
Que eu nunca lhe enganei!

Nisto o Diabo surrou-a
Que ela ficou estirada,
Quando ela levantou-se
Viu que estava retalhada;
Após o pobre marido
Viu o seu corpo estendido
Semimorta na calçada.

Ela abençoando os filhos
Deu um suspiro e gemeu
E nos braços do esposo
Uma lágrima desceu,
Foi a hora dolorosa
Quando a mulher vaidosa
Entre soluços morreu.

TUDO NA TERRA TEM FIM

Grande foi na Babilônia
O rei Nabucodonosor
Salomão — Pai da Ciência
Moisés — Legislador,
Davi, Isac, Abraão,
Hoje debaixo do chão
Prestam contas ao Senhor

Alexandre — Vulgo "O Grande"
Também desapareceu,
Napoleão Bonaparte
Em Santa Helena morreu,
Kaiser, Hitler, da Alemanha,
Cada qual com sua façanha
De dominar pereceu!

Herodes, Pôncio Pilatos,
Com Anás e com Caifás.
Crucificaram Jesus —
Esses não existem mais,
Júlio César até Tibério
Também Nero, o Deletério,
Morreram tempos atrás!

Quem mais fala em Mussolini
Que a Itália dominou?
Stálin, Marx, Lênin,
Cada um se evaporou...
Daniel, Abimeleque,
Vítor Hugo, Allan Kardec,
Nenhum na Terra ficou!

Aonde se encontram os Dumas
Bons Escritores franceses?
Voltaire, mesmo Balzac
E os grandes portugueses
Camilo, Guerra Junqueiro?
Ficaram só no tinteiro,
Morreram, por suas vezes!

Que é dos gregos da História
Como Sócrates, Platão,
Aristóteles e Demóstenes,
E Aristóteles?... então
Agora pergunto eu:
— Onde está Ptolomeu
Senão debaixo do chão?

Que é da Rainha Cleópatra
Soberana do Egito?
Messalina — a Dissoluta,
Agripina em seu conflito
Com Cláudio e o seu filho Nero,
Se esvaíram eu assevero,
Hoje estão no infinito!

Que é de Roosevelt, Kennedy,
Degaulle, Churchill — varões
Que se tornaram famosos —
Defensores de Nações?...
Hoje já estão sepultados
Embora glorificados
Para todas gerações!

Onde está Getúlio Vargas
Com seu riso triunfal,
Cujo nome foi um ídolo
De fama internacional?
Por isso que digo assim:
Tudo na Terra tem fim
Neste plano material!

Que é dos velhos Faraós
Que somaram mais de dez,
Construindo suas Múmias
Trazendo o povo aos seus pés?
As Pirâmides ergui das
Foram elas construídas
Por mais de doze Ramsés!

Que é de Lao- Tsé, Confúcio,
Mactube, Zoroastro,
Tiradentes — nossa glória,
Da Independência — o Astro?
Tudo desapareceu,
Matusalém pereceu
Que não deixou nenhum rastro!

Onde está Augusto Comte
Com o seu Positivismo?
Lutero e o próprio Calvino —
Luzes do Protestantismo?
Krishna, Buda, Maomé,
Só Jesus de Nazaré
Que não ficou no abismo!

Que é da grande valentia
Do famoso Lampião,
Corisco, Maria Bonita —
Bandoleiros do sertão?
Tudo ficou no passado
Cada qual exterminado
Para servir de Lição!

Que é do nefando Nazismo,
E o Fascismo do estrangeiro?
Até mesmo o Comunismo
O terror do mundo inteiro?...
Uns estão dilacerados
E outros repudiados
Pelo Povo Brasileiro!

Aonde esta o Anarquismo
Que há tempo se findou?
E o idioma Aramaico?...
Tudo, tudo terminou.
E desta maneira assim
Tudo na Terra tem fim
Para o Além retornou!...

Que de Freud — o Criador
Do mais alto sexualismo
Que na sua psicanálise
Quis mostrar o sensualismo
Até na idade infantil?
Cujas teorias mil
Não passaram de lirismo!

Que é do famoso Rostaing
Com a sua filosofia
Chamada "Corpo Fluídico"?...
A mais tola teoria...
O notável Advogado
Blasfemou em seu Tratado
Contra o Filho de Maria!

O que fizeram os nossos
Astronautas, lá na Lua?
Gastaram tantos bilhões
E a Terra continua
Pela Lua Iluminada.
Cuja missão encerrada
No mundo inteiro flutua...

Onde estão Truman, Abraão
Lincoln — homens de valores?
Todos morrem neste mundo:
Democratas, Ditadores,
Marechais e Cientistas,
Nobres, plebeus e Artistas
E os mais Sábios Pensadores.

Que é do grande Carlos Magno
Oliveiras e Roldão
Com outros Pares de França,
Da mesma forma Sansão?
Morre o fraco e morre o forte
Ninguém escapa da morte
Com seu "Cutelo" na mão!

Não adianta o orgulho,
O egoísmo, a vaidade,
O dinheiro, a opulência,
O abuso de autoridade.
Morre o bom, morre o ruim,
Tudo na Terra tem fim
É a Lei da Divindade!

Morre a árvore mais frondosa,
Morre o rio, morre o outeiro,
Morre a mulher que é bonita,
Morre o homem do dinheiro,
Morre quem faz tirania,
Só não morre a Poesia
Dada por Deus verdadeiro!

Tudo, tudo se transforma
Já disse Lavoisier.
Porém a morte é um sonho
Que é difícil se entender...
Sonho esse prolongado,
Que oculta nosso passado
Para depois reviver!

Tudo no Terra tem fim
Como já deixei provado,
Mas o espírito continua
O qual será transformado
Em outro ser diferente,
Gerado de uma semente
Pelo fruto do passado!

Há muitas filosofias
De cada para escolher...
Uma diz que a gente morre
Depois volta renascer,
Outra afirma que na hora
Morre o corpo e se evapora
E a alma ninguém vê.

Umas dizem que há inferno
Já outros dizem que não,
Uma existe o purgatório
Para a purificação,
Cada tem sua teoria
Com própria filosofia
Da mais pura ficção!

Por que morreu Joana D'Arc
Queimada numa fogueira
E ainda sendo taxada
Como a pior feiticeira?...
Se ela ao passado voltasse
Via de Judas — a face
Sua imagem verdadeira!

O Circo de Niterói
Que alguém fogo tocou
Matando tantas crianças,
Muita gente não pensou
No grande incêndio de Roma
Que foi a pior Sodoma
Que o tempo não perdoou!...

A história se repete —
Não é tola teoria.
Tudo no mundo se acaba
Mas a natureza cria
Novo seres transformando,
Na pureza condenando
Pela Divina Energia!

Não existe retrocesso
Pela Lei da Evolução,
Ninguém escapa da morte,
Mas a morte é ficção;
Morte, sim, é a partida
Para a verdadeira Vida
Não há outra explicação!

"Amai-vos Uns aos Outros"
Toda grandeza se encerra.
Nem o próprio Rockefeller
Levou dinheiro da Terra...
Para que ódio e vingança
Apagando a esperança
Do mundo fazendo guerra?

Tudo na Terra tem Fim
É a pura realidade,
Mas depois do fim começa
A vida-continuidade,
Se um volta o outro fica,
É assim que se explica
A Lei de Deus, em verdade!

PAULISTA VIROU TATU VIAJANDO PELO METRÔ

A reportagem presente
Desse METRÔ encantado
Quem me deu foi um baiano —
Hoje um paulista inteirado;
Além de ser Jornalista
É um grande Folclorista,
Seu Nome: — FRANKLIN MACHADO

São Paulo modernizou-se
Numa mais alta expressão,
O povo anda nas ruas
Como se anda em avião,
Sem querer ser puxa-saco
É a cidade sem buraco,
Do METRÔ, do Minhocão!

Antigamente os pedestres
Puseram a boca a gritar
Dizendo que aos subúrbios
Não podia viajar,
Eram demais os distúrbios
Os pobres que nos subúrbios
Iam ao centro trabalhar.

Por causa disto o Governo
Logo o METRÔ construiu
Onze quilômetros percurso
Que agora concluiu.
E assim desta maneira
Ninguém mais leva poeira
Depois que o METRÔ abriu.

Antes era o Minhocão
Que o pedestre viajava
Vários quilômetros a pé
Para ver se ele chegava
A hora de seu serviço,
O Minhocão nem por isso
O resultado alcançava.

Paulista virou tatu
Pelo METRÔ viajando
Uma obra arquitetônica
Da Engenharia falando,
Desta forma o Engenheiro
Realmente brasileiro
Ao mundo está invejando.

Miguel Ferraz deu início
Fazendo o primeiro trecho,
Veio Miguel Colasuono
E disse: O METRÔ não deixo,
O Olavo Setúbal
Na conclusão afinal
Diz: Da obra não me queixo!

Começou com Prestes Maia
Esse METRÔ tão falado,
Ao depois foi Paulo Lauro
Que mostrou todo o traçado,
Rua abaixo, rua acima,
Prefeito Faria Lima
Deixou tudo planejado.

Dizem que São Paulo é
O Motor desta Nação
Com os 22 Vagões
Que formam a Federação,
S. Paulo não há regresso
É a Capital Progresso,
Do Brasil — o Coração!

— Creio que na minha gestão
Diz Olavo alegremente —
Esse METRÔ de concreto
Cada dia vai pra frente.
Quebro pedra, quebro broca,
Viro Tatu ou Minhoca
Mas dou paz a minha gente!

Os Governos de São Paulo
Desde o tempo de Ademar,
Sodré e Lauro Natel
Com o Governo atual,
Todos à obra ajudando
Hoje o METRÔ transitando
Desafoga o pessoal.

Merece nossos aplausos
Plínio Assan — o Presidente
Do METRÔ que demonstrou
Ser perito competente,
Provando que o brasileiro
É o melhor Engenheiro
Deste mundo, atualmente.

Já disse Euclides da Cunha
Que o "sertanejo é um forte" ...
Os Candangos de Brasília,
Os seringueiros do Norte,
E os homens do Nordeste
Chamados "cabras da peste"
Trocam a vida pela morte.

São Paulo — Grande Cidade
Pelo seu deslumbramento,
Com a obra do METRÔ
Findou-se o engarrafamento,
Seus habitantes transitam
E jamais se precipitam
A morrer qualquer momento!

São Paulo — a primeira linha
Do METRÔ já começou,
De Santana a Jabaquara
Há tempo que inaugurou
Brevemente o suburbano
Do começo ao fim do ano
Dirá: — Com este é que eu vou!

São Paulo tem Minhocão
Para o povo transitar,
O suburbano já pode
Ir ao centro trabalhar,
Se não quer o Minhocão
Anda debaixo do chão
Para o seu pão ir ganhar.

Esta obra gigantesca
Da moderna Engenharia
Breve terá Porto Alegre,
Belo Horizonte e Bahia,
Pois na verdade, leitor,
Nossa velha Salvador
Cresce o trânsito dia a dia.

Os nossos compositores
Já entoaram canções
Musicadas ao METRÔ
Que agradaram multidões,
Eu ao Paulista fiel
Rimo o folheto em cordel
Para levá-lo aos sertões!

Salve São Paulo querido
Que mais cresce dia a dia,
Salve Venâncio — o Poeta
Benfeitor da Cantoria,
Que ajuda aos Trovadores
E aos meus irmãos Cantadores
Com a sua fidalguia!

Salve o Paulista que honra
O Trabalho que é o fator
Do Progresso de um País
Que é independente, leitor,
São Paulo com seu orvalho
Brilha a rosa do Trabalho
Como Jardim do Amor!

O Paulista que é Paulista
Não usa de utopia
Pois é contrário a Maconha
Que só destrói a energia
Do brasileiro que é nobre,
Do opulento ao mais pobre
Nos ópios não se vicia!

Todo paulista de brio
Tem orgulho de sua terra,
Assim como o Nordestino
Do asfalto ao pé da serra
Com chuva solou orvalho
Mete os peitos no trabalho
Como morre até na guerra!

Se o povo de São Paulo
Virou Tatu viajando
No METRÔ, debaixo do chão,
Porque não vive esperando
Que o progresso ausente dele
E é por isto que ele
Virou tatu trabalhando.

Quando o METRÔ terminar
Os seus concretos roteiros
Cobrindo toda a Cidade
Milhares de brasileiros
Podem residir distante
O METRÔ leva bastante
Um bilhão de passageiros!

O METRÔ leva operários,
Funcionários, Doutores,
Verdureiros, ambulantes,
Engraxates, Professores,
Leva também Magistrados,
Jornalistas e Soldados,
Lavadeiras, Cantadores!

Leva rico e leva pobre,
Leva judeus e franceses,
Baianos e Cearenses,
Espanhóis e Portugueses,
Mineiros, pernambucanos,
Capixabas, sergipanos,
Alemães e Japoneses.

Juscelino Kubitschek
O METRÔ já visitou
E o Presidente Médici
Nele um dia viajou,
Ernesto Geisel — presente
Nosso Grande Presidente
Agora em setembro andou.

É uma obra de arte
Pelos seus encantos mil,
Cujo trabalho arrojado
Feito de modo viril
Demonstra a grande energia
Da Suprema Engenharia
Do nosso amado Brasil!

Hoje o Rio de Janeiro
Seu METRÔ está construindo,
Breve construirá Recife
Porque isso está sentindo,
E Curitiba, em verdade,
Já necessita a cidade,
Breve o METRÔ será vindo.

Salvador — velha Cidade
Hoje já modernizada
O trânsito de dia a dia
Grita a pobreza coitada,
É tanto engarrafamento
Que o povo no sofrimento
Leva hora malfadada.

Salve minha Pátria querida
Meu Brasil verde e amarelo,
Que é o Coração do Mundo!
Por tudo que tem de belo,
Tudo lhe encanta e fascina
É a Santa Palestina
Do mais puro e santo anelo!

R — ealmente que o METRÔ
O — seu papel é importante,
D — progresso de uma cidade,
O — transporte que é constante,
L — eitores, muito obrigado,
F — olheto por mim versado:
O — RODOLFO CAVALCANTE.

O DESENCANTO DA MOÇA QUE BATEU NA MÃE E VIROU CACHORRA

Já muitos leitores leram
A história comovente
Da Moça que Virou Cachorra
Por se tornar insolente;
Agora a linda donzela
Do seu corpo de cadela
Voltou a forma de gente.

Dona Matilde viveu
O seu tempo de amargura
Em ver sua própria filha
Na mais horrenda figura.
Deixando Helena a masmorra
Deixou de ser u'a cachorra
Para ser uma criatura.

Dona Matilde pediu
Ao Divino Bom Jesus
Da Lapa, que se a filha
Alcançasse a Santa Luz
De ser gente novamente
Ia ser uma penitente
Do Santo Varão da Cruz.

Prometia ao Bom Jesus
Que faria uma Romaria,
Saindo do Canindé
Atravessando a Bahia
Com sua filhinha ao lado
Pra ver o Morro Sagrado
Que ainda não conhecia.

E assim aconteceu
Sua promessa pagou
Porque Helena — a cadela
Há pouco desencantou.
No dia 6 de agosto
Todo terrível desgosto
Para ela terminou.

Helena viu um velhinho
Segurado num bastão,
Quando partiu para ele
O caridoso ancião
Lhe disse, piedosamente,
— Helena, voltas a ser gente
Findou a tua missão!...

Helena se aproximou...
Quis falar, porém latia,
Em vez de chorar uivava
E assim nesta agonia
O seu corpo de donzela
Deu-se um milagre, que ela
Em si mesma não sentia.

Helena foi conhecendo
O Padre Cícero Romão,
E ao narrar sua história
Foi pedindo o seu perdão.
Disse o Santo Reverendo:
— Eu estou compreendendo
Tua terrível aflição!...

Helena, foi Bom Jesus
da Lapa, que me mandou
Atender da tua mãe
O que ela suplicou.
Agora tu vais a pé
Ao teu Santo Canindé,
Pois Jesus te perdoou!

— Tu tens bastante sofrido
Em cadela transformada,
Mas teu arrependimento
É a prova detalhada
Que precisas reviver
Para o mundo conhecer
Que um filho sem mãe é nada!

— Em que lugar me encontro
Meu Divino Protetor?...
Disse o velhinho: — É Inhambupe
Bem perto de Salvador,
Amanhã, muito cedinho
Seguirás o teu caminho
Porque Jesus é Amor!

Nisso o resto do velhinho
Logo desapareceu ...
E a imagem de Jesus
Para ela apareceu.
Tornou-se o quadro mais lindo
Quando Jesus foi subindo
Entre as nuvens para o Céu!

Helena viu que estava
Em donzela transformada.
Debaixo de um oitizeiro
Passou a noite acordada,
Rogando à Virgem Maria
Que amanhecesse o dia
Para seguir sua jornada.

Rezou várias orações
Também a Salve Rainha
E ofereceu na intenção
Da sua velha mãezinha.
Pediu à Nossa Senhora
De ser uma filha agora
Na bondade que não tinha!

Fez uma cama de folha
E de pedras travesseiro
Meditando em sua vida
Debaixo do oitizeiro...
Na manhã do outro dia
Deixou a velha Bahia
Com destino ao Juazeiro.

Com oito dias depois
Ela alcançou Petrolina,
Com 20 chegou ao Crato
Se banhando na neblina,
Fez ela vários pernoites
Se descansando nas noites
Entre vales e campina.

Chegando no Juazeiro
Do Padre Cícero Romão
Visitou Nossa Senhora
Das Dores, com devoção,
Vendo seu passado morto
Foi agradecer no horto
Como era de obrigação.

Saindo do Juazeiro
Do Norte fez a jornada
Com destino ao Canindé
Pra rever sua morada.
Sua alegria era tanta
Que parecia uma santa
Caminhando na estrada.

Eram seis horas da tarde
O sol ia descambando
Nas serras do Ceará
Com o seu matiz doirando,
Nisto ela mais feliz
Foi avistando a Matriz
Com suas torres brilhando

Chegou na sua morada
Pela mãe dela chamou
Dona Matilde rezando
Depressa se levantou.
Foi a mais tocante cena
Entre Matilde e Helena
Quando a mocinha chegou.

— Bênção minha mãe querida!
Disse chorando a donzela
Deus te abençoe minha filha!
Foi respondendo a mãe dela.
Ambas ali se abraçaram
E todas duas choraram
Como se vê na novela.

Tanto a velha como a filha
Segundo a imprensa diz
Saíram com a multidão
Para a Igreja da Matriz
Foi um ofício rezado
Pelo povo e acompanhado
Pelo Padre João Luiz.

Com um mês e quinze dias
Depois que Helena chegou
Ao lado da mãe querida
Para a Lapa viajou,
Ajudando na viagem
Deu o prefeito a passagem
Que todo mundo gostou.

Lá em Bom Jesus da Lapa
Subiram até o CRUZEIRO,
Visitaram toda gruta
Guiadas por um romeiro
E assim com muita fé
Regressaram ao Canindé
No princípio de janeiro.

Fica o caso exemplo
Para ser melhor gravado
Do filho que não respeita
O nome de mãe sagrado.
Segundo diz a escritura
Mãe é a Santa criatura
Gerou o Verbo Encarnado.

Ditoso sempre é o filho
Que obedece seus pais,
Goza na vida ventura
E não se perde jamais,
Todo aquele que é bom filho
Apresenta o santo brilho
Do amor em seus sinais.

Helena foi castigada
Pelo seu mau coração
Ou talvez por não saber
Que uma filha sem bênção
É como um jardim sem flor
Porque Mãe é o Santo Amor
Da Divina Criação!

"Honra teu pai, tua mãe"
Isto a Escritura nos diz,
Por isto que o bom filho
Na vida sempre é feliz,
Porém quem desobedece
Uma mãe sempre padece,
Não podendo ser feliz!

Helena Matias Borges
Vive hoje no seu lar
Sustentando a pobre velha
Que a tanto fez chorar,
Trabalhado noite e dia
Suplica a Virgem Maria
Para nunca a lhe faltar.

Jesus — Cordeiro do Mundo,
Salvador do mundo inteiro,
Dai a vista quem é cego
Para enxergar o roteiro.
Que todo filho educado
Seja por Deus amparado
Tendo saúde e dinheiro!

Toda mocinha que leu
Este folheto versado
Se mire no grande exemplo
Do drama que foi passado,
Seja sempre obediente,
Que o porvir sempre é latente
Diferente do passado.

R — esta agora agradecer
O — s meus prezados leitores
D — ando a melhor preferência
O — s livros dos trovadores,
D — e Helena a ex-cadela
F — ica aqui o exemplo dela
O — mais termino, senhores!

GREGÓRIO DE MATOS GUERRA — O PAI DOS POETAS BRASILEIROS

Bahia — Mãe dos Poetas
Que toda Poesia encerra,
Terra que deu Castro Alves —
O maior Gênio da terra.
Também deu um Grande Vulto,
Dos Poetas — o mais Culto:
Gregório de Matos Guerra.

No ano Mil e Seiscentos
E Vinte e Três, na Bahia,
Nasceu Gregório de Matos
Guerra — seu nome dizia
Que era Vate corajoso,
Inflamado, mavioso,
Um Mestre na Poesia!

Pedro Gonçalves de Matos
Era o seu progenitor
E Dona Maria Guerra
Era a mãe do Trovador;
Filho de MATOS e GUERRA
Só podia aqui na Terra
Ser um leão no furor!

Desde a infância o Poeta
Tinha amor pela leitura.
Foi crescendo e aprimorou-se
Numa melhor estrutura;
No idioma de Camões
Fulguraram seus clarões
Na alta literatura.

No ano de Trinta e Seis
Foi a Coimbra estudar
Onde graduou-se em Leis
De uma maneira sem par,
Passando a sua pessoa
A advogar em Lisboa
Sem à Pátria regressar.

No ano Setenta e nove
Resolveu vir à Bahia
Onde começou viver
Somente em Advocacia,
Já nesse tempo Gregório
De Matos era notório
No setor da Poesia.

No ano de Oitenta e Quatro
O velho bardo casou-se,
Ao ver Maria de Povos
Por destino apaixonou-se,
Com pouco tempo casado
Chegou a ser degredado
Porque a ninguém dobrou-se.

Era um Poeta do povo
Por sua maneira nova
De atacar ao adversário
Mesmo abrindo a sua cova,
Não dispensava a porfia
Satirizando em poesia
Tornou-se Mestre na Trova!

Nunca Gregório de Matos
Teve medo de ninguém,
A palavra COVARDIA
Dele se ausentava além,
Era mordaz numa crítica
Por causa disso a Política
Não lhe olhava tão bem.

Em decassílabo Gregório
De Matos foi Pioneiro,
Cuja métrica de verso
Improvisa o Violeiro
O "Martelo Agalopado",
Sendo esse gênero criado
Pelo Vate brasileiro!

Formado ele em Direito
Foi um grande Advogado,
Da Universidade Coimbra
Tinha todo predicado,
No brilho da inteligência
Tinha a suma competência
No Direito comprovado.

Não nos registra a História
Que o Grande Trovador
Fugisse de uma polêmica
Até com Governador,
Por esta mesma razão
Sofreu a degradação
Por ser forte opositor.

Por todo seu satirismo
Deixava de ser fraterno
Quando sentia que o erro
Jamais deve ser eterno,
Por sua verve inflamada
Foi sua pessoa chamada
Como "Boca do Inferno".

Jamais Gregório de Matos
Inclinou-se ao ateísmo,
Nem tão pouco alimentou
A idéia do anarquismo,
Sua lira era um vulcão
Porém o seu coração
Era à qualquer extremismo.

Até dos próprios amigos
O poeta criticava
Quando havia precisão
E em trova o erro mostrava,
Por esta forma a política
Não suportando sua crítica
Cada vez mais o odiava.

Como Homem do Direito
Defendia a Liberdade,
Porém a rima da prosa
Penetra com gravidade,
Desta maneira o degredo
Por causa de tanto enredo
Sofreu a penalidade.

A Academia de Letras
Do Brasil como Homenagem
Aos Escritores antigos
Patronou a sua imagem.
A CADEIRA DEZESSEIS
Quem senta nela uma vez
Goza de toda vantagem.

"Sacra" — Primeiro Volume
Que A. B. L. publicou,
Um livro em que o Poeta
Sua alma extravasou,
Chegando quase ao empirismo
Deixou o seu GREGORISMO
Que toda América aceitou.

Muita gente já conhece
Os versos de "Graciosa",
Da "Lyrica" já publicados,
"Satírica", "Licenciosa"...
Nem CONSELHEIRO XX
Talvez fosse mais feliz
Em matéria primorosa

Uma piada picante
Para quem sabe escrever
Se torna ARTE, por isso
O CENSOR faz que não vê,
Mais quem não sabe versar
Deixa de ser popular
Para a censura caber.

Da mesma forma o Poeta —
— O Trovador Repentista
Que ao compor os seus versos
Mesmo sem ser moralista
Pode narrar uma piada
Que o leitor acha engraçada
Pelo versar do Artista.

Assim Gregório de Matos
Não era um Vate Imoral,
Ao contrário: um Trovador
De inspiração genial,
Se não gozava de estima
Foi grande Mestre na rima —
Um Camões de Portugal.

No Ano Mil e Seiscentos
Noventa e Cinco, em verdade,
Com seus setenta e dois anos
Vindo da adversidade
Em Recife faleceu,
Porém lutou e venceu
Ganhando a Imortalidade!

Vinha o Vate de Angola
Bastantemente ferido,
Dos martírios do degredo
Já bastante envelhecido,
Não chegou ver a Bahia
Terra que tanto queria —
Seu torrão estremecido.

Todos os poetas do mundo
São semelhantes às flores
Que possuem melhor perfume
Tendo pétalas multicores,
Trazem consigo os espinhos
Que em troca dos carinhos
São coroados de dores

Gregório não usou calúnia
Nem abraçou a traição,
Foi um Vate corajoso
Como o rugir do leão,
Era um ser que no Universo
Não podia usar o verso
Da sua imaginação.

Calar a voz de um Poeta
É parar o próprio vento
O destino que ele segue
Porque o seu pensamento
Não pode ser asfixiado
Dentro do peito guardado
Ferindo seu sentimento!

Hoje Gregório de Matos
Guerra é nome venerado,
Mas no seu tempo por todos
Era por certo odiado,
Hoje o "Boca do Inferno",
Na Glória do Pai Eterno!
É um ser abençoado

Gregório de Matos Guerra
Pela versificação,
Pelo estilo que criou
Na mais alta inspiração,
É O PAI DOS TROVADORES
E dos Poetas, leitores,
Desta nova geração!

Foi Castro Alves um Gênio
Por seu estilo elevado,
Um moço de Vinte Séculos
De espírito adiantado,
Foi Mestre no Condorismo,
Gregório no Satirismo
Jamais será imitado!

Salve Gregório de Matos
Grande Vate brasileiro
Que tornou-se o Grande Vulto
Deste País Brasileiro,
Pelo seu estilo ardente
Ficará eternamente
Como um perfeito Luzeiro!

R — ealmente Gregório
O — satírico Trovador
D — eixou o nome na História
O — nde cintila o fulgor,
L — uz Excelsa da Bahia,
F — ulgurado em Poesia
O — Bardo de Salvador.

TÍTULOS PUBLICADOS

1. Patativa do Assaré
2. Cuíca de Santo Amaro
3. Manoel Caboclo
4. Rodolfo Coelho Cavalcante
5. Zé Vicente
6. João Martin de Athayde
7. Minelvino Francisco Silva
8. Expedito Sebastião da Silva
9. Severino José
10. Oliveira de Panelas
11. Zé Saldanha
12. Neco Martins
13. Raimundo Santa Helena
14. Téo Azevedo
15. Paulo Nunes Batista
16. Zé Melancia
17. Klévisson Viana
18. Rouxinol do Rinaré
19. J. Borges
20. Franklin Maxado
21. José Soares
22. Francisco das Chagas Batista

Edição	Jorge Sallum
Co-edição	Bruno Costa
Capa e projeto gráfico	Júlio Dui e Renan Costa Lima
Programação em LaTeX	Marcelo Freitas
Assistente editorial	Janaína Navarro
Colofão	Adverte-se aos curiosos que se imprimiu esta obra nas oficinas da gráfica Bandeirantes em 28 de maio de 2010, em papel off-set 90 gramas, composta em tipologia Walbaum Monotype de corpo oito a treze e Courier de corpo sete, em plataforma Linux (Gentoo, Ubuntu), com os softwares livres LaTeX, DeTeX, VIM, Evince, Pdftk, Aspell, SVN e TRAC.